... Títulos relacionados

SSCE0212
PROMOCIÓN PARA LA IGUALDAD EFECTIVA
DE MUJERES Y HOMBRES

[DISPONIBLE CERTIFICADO COMPLETO]

Solicítalos en:
- Librería
- www.paraninfo.es
- Solicitudes nacionales +34 914 463 350
- Solicitudes fuera de España +34 913 308 907, +34 913 308 919

Procesos de participación de mujeres y hombres y creación de redes para el impulso de la igualdad

Vanessa Viqueira García

Paraninfo

Procesos de participación de mujeres y hombres y creación de redes para el impulso de la igualdad

© Vanessa Viqueira García

Gerente Editorial

María José López Raso

Equipo Técnico Editorial

Paola Paz Otero

Sofía Durán Tamayo

Editora de Adquisiciones

Carmen Lara Carmona

Producción

Nacho Cabal Ramos

Diseño de cubierta

Ediciones Nobel

Preimpresión

Diseño y Control Gráfico

COPYRIGHT © 2024 Ediciones Paraninfo, SA
2.ª edición, 2024

C/ Sierra de Guadarrama, 35. Naves 2, 3, 4 y 5
Polígono Industrial San Fernando II
28830 San Fernando de Henares, Madrid

Teléfono: (+34) 914 463 350
clientes@paraninfo.es / www.paraninfo.es

ISBN: 978-84-283-6925-1
Depósito legal: M-25852-2024
(30.541)

Impreso en España / *Printed in Spain*

Liberdigital (Casarrubuelos, Madrid)

La editorial recomienda que el alumnado realice las actividades sobre el cuaderno y no sobre el libro.

A mis padres;
a mi abuela.

Índice

Introducción normativa

La Ley Orgánica 3/2022, de 31 de marzo, de ordenación e integración de la Formación Profesional, contiene una disposición derogatoria única que afecta a la regulación de los certificados de profesionalidad, ahora denominados **Certificados Profesionales**. La referida normativa deroga la Ley Orgánica 5/2002, de 19 de junio, de las Cualificaciones y de la Formación Profesional, y abre un escenario de cambios que se irán implementando progresivamente.

La Ley Orgánica 3/2022, de 31 de marzo, de ordenación e integración de la Formación Profesional implica que toda la formación es acumulable. La oferta formativa se estructura de forma escalonada, siendo los Certificados Profesionales un nivel intermedio (Grado C) de una escala que va desde el Grado A hasta el E.

En los artículos 35 a 38 de la Ley 3/2022 se describe en qué consisten estos Certificados Profesionales: su oferta, formación asociada, estructura, duración, acceso, titulación y validez. Posteriormente, esta normativa se completa con lo dispuesto en el Real Decreto 659/2023, de 18 de julio, que desarrolla la ordenación del sistema de Formación Profesional. Concretamente en los artículos 67 a 81 es donde se hace referencia a la oferta formativa de Grado C, correspondiente a los Certificados Profesionales.

Están agrupados en 26 familias profesionales con características comunes del sector. En la actualidad hay más de medio millar de Certificados Profesionales incluidos en el Repertorio Nacional. Esta cifra no deja de crecer. Además, cada certificado está específicamente regulado por un real decreto.

Un Certificado Profesional corresponde al Grado C de la oferta del Sistema de Formación Profesional. Es un documento oficial, con validez en todo el territorio nacional y debe constar en el Catálogo Nacional de Ofertas de Formación Profesional, que certifica la capacitación para el desarrollo de una actividad profesional.

Debe detallar los módulos profesionales superados y los estándares de competencia profesional asociados a él e incluidos en el **Catálogo Nacional de Estándares de Competencias Profesionales**, así como su correspondencia con el Marco Español de Cualificaciones.

Despliegan su validez en un doble ámbito, laboral y académico:

- En el contexto laboral tienen validez profesional, porque acreditan las competencias en una determinada profesión. Para poder trabajar en algunas profesiones, se exigen determinadas cualificaciones, y los certificados sirven para acreditarlas.

- Asimismo, tienen validez académica, puesto que permiten continuar un itinerario formativo siempre que se cumplan los requisitos de acceso para cursar la titulación deseada. De tal modo que, los Certificados Profesionales que sean parte de un Grado D permitirán la matrícula modular para completar los módulos establecidos en el currículo y obtener el correspondiente título de técnico básico, técnico o técnico superior con validez en todo el territorio nacional.

Para obtener un Certificado Profesional (Grado C) es preciso cumplir con los requisitos de acceso para realizar la formación.

Estructura de los Certificados Profesionales

I. Identificación: denominación, familia y área profesional a la que pertenecen; nivel de cualificación profesional (1, 2 o 3); cualificación profesional de referencia; entorno profesional y módulos formativos que esté previsto cursar junto con la duración de cada uno de ellos.

II. Perfil profesional: incluye las competencias profesionales requeridas en el mercado laboral. En todas ellas se concretan las realizaciones profesionales y los criterios de realización.

III. Formación: describe los módulos formativos que esté previsto cursar para adquirir las competencias requeridas. En cada uno de ellos se indican las capacidades que se pretende alcanzar y la duración del módulo de prácticas no laborales —PNL—, para el que cabe solicitar exención si se cumplen determinados requisitos.

IV. Prescripciones de las personas formadoras.

V. Requisitos mínimos de espacios, instalaciones y equipamiento.

Los Certificados Profesionales se identifican con una denominación concreta y un código alfanumérico propio, y sirven para acreditar una determinada cualificación profesional. Cada certificado está asociado a una relación de unidades de competencia que, a su vez, se vinculan con una serie de módulos formativos específicos. Algunos módulos están integrados por unidades formativas y tanto unos como otras son, en ocasiones, transversales, lo que significa que se trata de contenidos incluidos en más de un Certificado Profesional.

Los Certificados Profesionales se articulan en tres niveles de competencia profesional (1, 2 y 3) conforme a lo dispuesto en el que será el Catálogo Nacional de Estándares de Competencias Profesionales, anteriormente Catálogo Nacional de Cualificaciones Profesionales (CNCP), según los criterios establecidos de conocimientos, iniciativa, autonomía y complejidad de las tareas, en cada una de las ofertas de Formación Profesional.

La oferta formativa dirigida a la obtención de los Certificados Profesionales tiene carácter modular para favorecer la acreditación parcial acumulable de la formación recibida y posibilitar así el avance en el itinerario de Formación Profesional para cualquiera que sea la situación laboral de cada persona en cada momento.

En definitiva, el Grado C constituye la oferta, parcial y acumulable, del sistema de Formación Profesional, de varios módulos profesionales del catálogo modular de Formación Profesional por razón de su significado en el mercado laboral y conducente a la obtención de un Certificado Profesional.

Las ofertas de Grado C de Formación Profesional tendrán por objeto módulos profesionales incluidos previamente en el catálogo modular de formación profesional y asociados al Catálogo Nacional de Estándares de Competencias Profesionales.

Finalidad de los Certificados Profesionales

- Contribuir a la ordenación de un Sistema de Formación Profesional al servicio de un régimen de formación y acompañamiento profesionales que sea capaz de responder con flexibilidad a los intereses, expectativas y aspiraciones de cualificación profesional de las personas a lo largo de su vida.

- Combinar escuela y empresa situando a la persona en el centro del sistema.

- Facilitar el aprendizaje permanente de toda la ciudadanía mediante una formación abierta, flexible y accesible, estructurada de forma modular, a través de la oferta formativa asociada al certificado.

- Acreditar las cualificaciones profesionales o las unidades de competencia recogidas en estas, independientemente de su vía de adquisición, bien sea través de la vía formativa, o mediante la experiencia laboral o vías no formales de formación.

- Favorecer, tanto a nivel nacional como europeo, la transparencia del mercado de trabajo.

- Contribuir a la calidad de la oferta de Formación Profesional.

Este libro

El presente libro desarrolla la Unidad Formativa: **Procesos de participación de mujeres y hombres y creación de redes para el impulso de la igualdad. Código:** UF2685. **Duración:** 70 horas.

Está asociada al Módulo Formativo MF1454_3 Participación y creación de redes con perspectiva de género, asociado a la Unidad de Competencia UC1454_3 Favorecer la participación de las mujeres y la creación de redes estables que, desde la perspectiva de género, impulsen el cambio de actitudes en la sociedad y el «empoderamiento» de las mujeres, perteneciente a la Cualificación Profesional de referencia Promoción para la igualdad efectiva de mujeres y hombres (SSC451_3), incluida en el Certificado Profesional SSCE0212 Promoción para la igualdad efectiva de mujeres y hombres, regulado por el Real Decreto 990/2013, de 13 de diciembre.

La estructura organizativa de los contenidos corresponde fielmente a la establecida por la normativa vigente y más concretamente a los contenidos de la Unidad Formativa: **Procesos de participación de mujeres y hombres y creación de redes para el impulso de la igualdad.**

Contenidos

1. **Mecanismos de colaboración para mejorar la participación de las mujeres en el ámbito público.**
   - Intervención en el desarrollo del diseño de proyectos participativos.
   - Detección y gestión de las necesidades de participación en el entorno de intervención.
   - Manejo de metodologías participativas.
   - Diseño de protocolos y mecanismos de colaboración con el equipo experto en igualdad efectiva de mujeres y hombres y con el entorno para promover la participación.
   - Mecanismos para el cambio de estructuras que promuevan la participación: *mainstreaming* de género.
   - Acciones positivas para impulsar la participación. Cuotas.
   - Manejo de indicadores de género en materia de participación.
   - Mecanismos de seguimiento del trabajo de colaboración con agentes del entorno de intervención.

2. **Procesos grupales y gestión de conflictos.**
   - Identificación de dinámicas grupales y detección de las aportaciones del grupo al desarrollo individual.
   - Procesos de identidad compartida de hombres y mujeres.
   - Modelos de referencia atendiendo a los roles y estereotipos de género y otras variables sociodemográficas.
   - Cuestionamiento y transformación del orden de género vigente por parte de los grupos. Liderazgos en el seno de un grupo.
   - Procesos de localización y gestión de conflictos grupales asociados a las relaciones de género.

3. **Estructuras de apoyo para la participación en el entorno de intervención.**
   - Tipología de estructuras organizativas existentes en el entorno: instituciones públicas, privadas, entidades sin ánimo de lucro y asociaciones.
   - Procedimientos de identificación y sistematización de estructuras, modelos y espacios organizativos donde se produce participación en el entorno de intervención:
     — Redes formales e informales (presenciales y telemáticas).
     — Grupos de apoyo.
   - Canalización de demandas vinculadas a la participación aplicando la perspectiva de género.

4. **Establecimiento de estrategias de sensibilización e impulso del empoderamiento femenino.**
   - Mecanismos para promocionar e impulsar la toma de decisiones individual y grupal de las mujeres:
     — Empoderamiento individual (poder para).
     — Empoderamiento grupal (poder con).
   - Autoconocimiento y mejora de la autoestima.
   - Cambio actitudinal y ruptura de estereotipos de género.
   - Habilidades sociales y de comunicación.
   - Servicios, estructuras y organizaciones que favorecen el «empoderamiento» de las mujeres.
   - Desarrollo de procesos de acompañamiento, asesoramiento para la participación y la toma de decisiones.
   - Elaboración de acciones de difusión y sensibilización para la ciudadanía, las instituciones, las organizaciones y entidades del entorno de intervención en materia de participación social, para favorecer la igualdad efectiva de mujeres y hombres.

■ **Nota del Editor**

En Ediciones Paraninfo estamos comprometidos con la calidad de la formación e intentamos que nuestros materiales respondan fielmente y con rigor a las necesidades de todos cuantos confían en nuestro sello editorial.

Tratamos de dar respuesta a los currículos de las unidades formativas y de los módulos que integran los distintos Certificados Profesionales, equilibrando la parte teórica con la práctica para que los procesos de aprendizaje se conviertan en experiencias gratificantes, tanto para docentes como para las personas inmersas en los procesos formativos.

Nuestros objetivos son contribuir de forma decisiva a afianzar aprendizajes, ayudar a adquirir destrezas que tengan significado para el empleo y conseguir potenciar el desarrollo personal.

Para lograrlo contamos con excelentes autores, expertos en las materias que abordan, en la mayoría de los casos docentes de dichas especialidades con dilatada experiencia tanto profesional como académica, porque buscamos perfiles familiarizados con los contextos laborales concretos a los que se refieren nuestros manuales.

Confiamos en poder serte de ayuda y esperamos tus impresiones acerca de nuestro trabajo. Sean positivas o negativas, serán muy bien recibidas y, sin duda, nos ayudarán a seguir mejorando y trabajando con ilusión para continuar siendo un referente en formación para el empleo.

Agradecemos tu confianza en nuestros manuales. Todo nuestro equipo queda a tu total disposición. Puedes contactar con nosotros en esta dirección de correo electrónico:

info@paraninfo.es

1. Mecanismos de colaboración para mejorar la participación de las mujeres en el ámbito público

Contenido

No hay mejor prueba del progreso de la civilización que el progreso del poder de la cooperación.

John Stuart Mill

Figura 1.1. Las mujeres y los hombres son iguales en dignidad humana, e iguales en derechos y deberes.

Hace dos siglos, la posición de la mujer en Occidente se hallaba subordinada claramente a sus maridos, padres, tutores, etcétera. Los hombres eran quienes controlaban la propiedad dentro del matrimonio, y además contaban con leyes a favor que impedían abiertamente a las mujeres desempeñar diferentes empleos, ocupar cargos políticos e incluso la posibilidad de ejercer el derecho a voto.

Aunque las mujeres de hoy en día siguen en una posición de desventaja en determinados ámbitos y sectores de la sociedad, mucho ha cambiado todo desde entonces, pues los avances hacia una igualdad sin distinciones son ya evidentes.

Hoy en día no se puede sino entender la participación como un mecanismo de cambio sumamente imprescindible en la sociedad. Este mecanismo implica una toma de conciencia colectiva por parte de toda la sociedad respecto a aquellos problemas o dificultades que no permiten ni el crecimiento ni el desarrollo del potencial que toda la sociedad puede exhibir en su totalidad.

Tal es así que en el **artículo 9.2** de la Constitución española y en las leyes autonómicas de los servicios sociales se incide en la **necesidad de facilitar la**

participación de todas las personas en la vida política, cultural, social y económica como un medio de luchar contra la exclusión de determinados grupos sociales y de fomentar la cohesión de la comunidad.

Cualquier forma de reflexión crítica, así como la promoción de formas asociativas y organizativas, facilitan tanto la participación como la consecución de un bien común que beneficia a todas las personas en conjunto, tanto hombres como mujeres por igual, y que además contribuye a disminuir la desigualdad existente.

Figura 1.2. El principio de igualdad de trato entre mujeres y hombres supone la ausencia de toda discriminación, directa o indirecta, por razón de sexo.

Antes de continuar con el desarrollo de la unidad, es importante definir en qué consiste **la participación.**

El término participación hace referencia a *tomar parte en alguna actividad o proceso, aunque la importancia de tal participación siempre dependerá de la actividad en la cual se participe.* Como se verá en el Capítulo 4 de forma mucho más específica, la participación guarda además una estrecha relación con el **poder.** Según como se mire, participar implica acceso al poder, así como también la decisión de compartirlo con otras personas y colaborar con ellas.

Desde una perspectiva comunitaria, la participación se entiende como un conjunto de todo lo siguiente:

- La acción conjunta y libre de un grupo que comparte intereses y objetivos.

- Una contextualización y relación con la historia de la comunidad y el momento o la coyuntura en que se realiza.

- Un proceso que implica la producción y el intercambio de conocimiento (consejos, recursos y servicios).

- Una acción socializadora que transmite, comparte y modifica patrones de conducta.

- Una colaboración y una correlación de relaciones, ideas y recursos compartidos.

- Organizar, dirigir, tomar decisiones, efectuar acciones a fin de alcanzar las metas establecidas conjuntamente.

- Existencia de patrones democráticos de comunicación entre los participantes.

- Solidaridad y reflexividad (evaluar críticamente el trabajo realizado).

- Implicación de diversos grados de compromiso con los proyectos y sus objetivos.

- Generación y aceptación de una normatividad a fin de funcionar como grupo.

- Dar y recibir. Se aporta pero, a la vez, también se es beneficiario de los aportes hechos por otros, así como también de la suma de todas las participaciones.

La participación puede manifestarse en diferentes grados que van desde asistir pasivamente a reuniones en las que no se interviene o estar de acuerdo en decisiones que toman otros, hasta asumir responsabilidades de mayor calado en determinados proyectos.

Existen muchos tipos de participación, los cuales dependerán del punto de vista que se adopte en el momento de contemplar el fenómeno participativo, por ejemplo, participación activa y pasiva, espontánea y organizada, continuada y temporal, etc. La participación es un instrumento básico en cualquier sociedad. Esto es, como un medio que consigue involucrar a la gente, que logra el desarrollo personal, etc. Pero además de este **valor instrumental,** la participación también tiene un **valor finalista,** es decir, un fin, pues la participación se considera buena por sí misma.

Figura 1.3. La participación es un medio pero también un fin en sí misma.

Es posible señalar algunos beneficios, así como también algunos costes de la participación:

- **Beneficios**: algunos ejemplos de las ventajas potenciales de la participación son la generación de poder colectivo, la activación del conjunto de miembros, el aporte de un sentimiento de pertenencia y relación, así como de cohesión social, etcétera.

- **Costes**: algunos ejemplos de las desventajas potenciales de la participación son la limitación a corto plazo de la eficacia de las acciones, mayor lentitud de los procesos, en ocasiones exige redefinir tanto tareas como reorganizar procesos, la exigencia de tiempo, así como también de energía personal que se necesita emplear, etcétera.

Como conclusión final, es importante valorar que la participación social implica que las personas se consideren *sujetos agentes* o *actores sociales* y no solamente *objetos* integrantes de una sociedad que aceptan sin intervenir ni ser partícipes de los cambios que se producen. Por tanto, serán estos sujetos agentes los que tomarán el protagonismo en la esfera social y, de esta forma, dirigirán el cambio.

1.1. INTERVENCIÓN EN EL DESARROLLO DEL DISEÑO DE PROYECTOS PARTICIPATIVOS

Existe una resistencia natural de las personas al **cambio**. Todo aquello que requiere afrontar retos para aprender nuevas técnicas o, sobre todo, aceptar nuevas ideas, son claros ejemplos de esta resistencia natural a las variaciones. Respecto a la igualdad entre hombres y mujeres, siempre ha existido esta resistencia. No deja de ser, en cierto modo, algo comprensible, debido a que, a lo largo de toda la historia de la humanidad, el **sistema patriarcal** ha sido una forma de organización social que ha predominado y que ha favorecido enormemente la discriminación hacia el colectivo femenino.

Cuesta abandonar las cómodas posiciones y, sobre todo, cuesta tener que cambiar, más aún cuando los cambios vienen acompañados de una necesidad participativa en la sociedad, donde es necesario mostrarse y exponerse ante las demás personas, pero no solo esto, además es fundamental la existencia de una interacción y una colaboración entre las personas.

Es algo indudable que todo proceso participativo requiere siempre de una gestión, esto es, una **intervención** adecuada y adaptada al proceso que se está desarrollando. En este ámbito relacionado con la igualdad de oportunidades, conviene tener en cuenta **dos tipos de intervenciones**: la intervención social y la intervención comunitaria.

Figura 1.4. Contribuir a la igualdad entre mujeres y hombres ayuda a disminuir los riesgos de exclusión social y favorece la autonomía de las mujeres.

La **intervención social** es aquella área que actúa sobre las diferentes **redes sociales**, por ejemplo, la familia, los amigos, los grupos de trabajo, etc., siendo uno de sus objetivos primordiales lograr una participación activa de todas las personas que componen estas redes.

Una **red social** es *un entramado de vínculos sociales que une a un conjunto de personas diferentes entre sí*, es decir, las personas que la componen se encuentran unidas por algún tipo de vínculo, lo cual no implica relaciones estrechas o de carácter permanente entre las mismas personas. Como es lógico, en las redes sociales existe la interacción (que favorece una conexión emocional entre las personas), la cual facilita la resolución de posibles problemas, así como la superación de crisis tanto de carácter individual como de carácter grupal.

La **intervención comunitaria** es aquella área que tiene en cuenta la perspectiva de carácter ecológico, la cual estudia la relación que la persona establece con su ambiente o contexto. Rappaport (1986), uno de sus máximos representantes, señala la gran importancia que tiene el contexto, ya que cuando las personas tienen un conocimiento más exhaustivo de las influencias ambientales circundantes, pueden llegar a tener un mayor control sobre su propio comportamiento.

Es muy importante tener en cuenta esta perspectiva ecológica, ya que considera a las personas y a los entornos como recursos en sí mismos, con la potencialidad que ello implica. A partir de estos recursos el objetivo global y conjunto será la consecución de un desarrollo positivo de la comunidad.

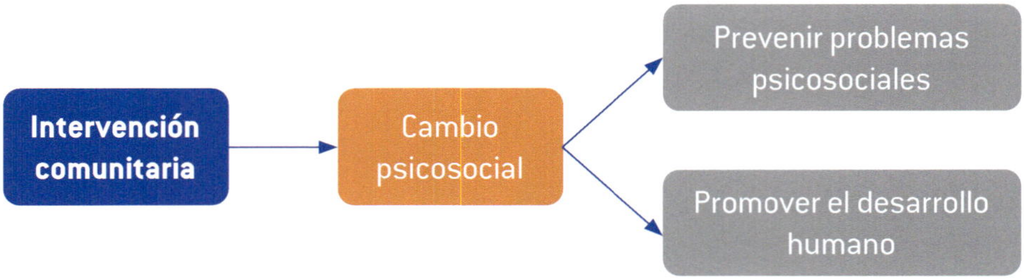

Figura 1.5. Toda intervención comunitaria implica un cambio psicosocial.

Uno de los modelos ecológicos más reconocidos es el **modelo ecológico del desarrollo humano (MEDH)** de Bronfenbrenner (1995, 2005). Este autor considera que los sistemas sociales en los cuales se integran y desarrollan las personas forman un conjunto de estructuras anidadas, cada una dentro de la siguiente y en constante interacción, constituyendo un sistema dinámico de tal forma que lo que sucede en cualquier sistema social influirá finalmente siempre en la persona.

Estas estructuras anidadas a las cuales se está haciendo referencia son las que se especifican a continuación, de menor a mayor rango de amplitud:

- **Microsistema**: se refiere al entorno más inmediato de la persona, como es el caso de la familia o la escuela. Entre otras cosas, en los microsistemas es posible evaluar la posición que ocupa la mujer hoy en día y, además, conocer cuál es su grado de participación en los mismos.

- **Mesosistema**: se define según la interacción que se produce entre dos o más microsistemas. En este caso, para poder explicar, por ejemplo, la desigualdad de género en ámbitos relacionados con la educación, se debe tener en cuenta las interrelaciones entre el grupo de iguales, los profesores y también los progenitores (la familia).

- **Exosistema**: se considera una extensión del anterior. Este sistema representa a aquellas estructuras sociales de carácter tanto formal como informal, desde el trabajo hasta las redes sociales.

- **Macrosistema**: este nivel hace referencia a los valores y las creencias predominantes, así como a la cultura imperante en una sociedad.

Finalmente, en versiones posteriores de la teoría se incluyó un quinto componente denominado cronosistema, el cual se refiere al momento de la vida en el que se encuentra la persona en relación con las situaciones que va viviendo. Por ejemplo, la muerte de un ser querido se interpreta de manera distinta en función de la edad.

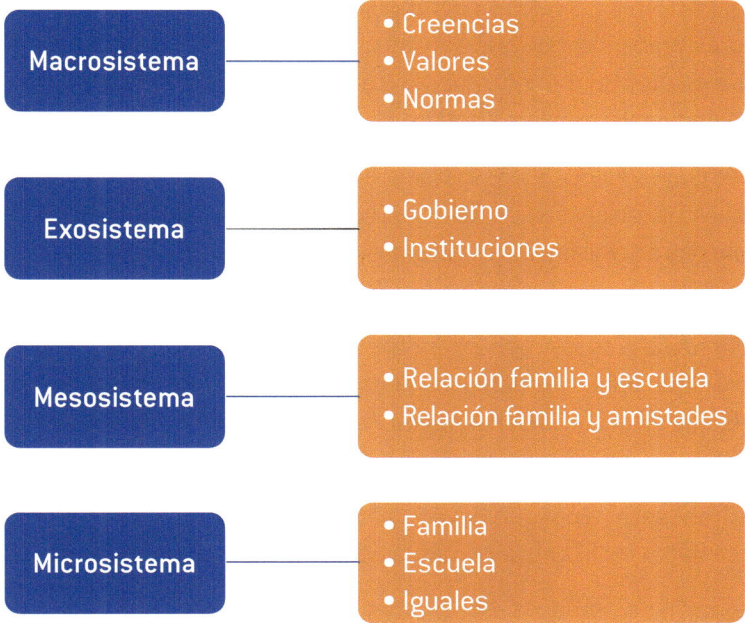

Figura 1.6. Sistemas del modelo ecológico del desarrollo humano.

Los dos tipos de intervención vistos, social y comunitaria, se centran en la evaluación de las variables del contexto social en el que se pretende intervenir.

Siguiendo con el proceso, una vez se ha valorado por parte del equipo experto la necesidad de intervención, es conveniente seguir una serie de pasos de forma sucesiva, teniendo en cuenta todos los niveles posibles, desde el micronivel hasta el macronivel.

A continuación, se presentan los pasos que seguir en una intervención concreta por parte de un equipo experto compuesto por profesionales:

a) **Identificación del problema:** se debe tener presente que los problemas siempre se canalizan a través de personas o grupos. Concretamente en el caso de la igualdad, no es un problema que se deba afrontar individualmente, sino de forma grupal, por tanto, se debe tener en cuenta al conjunto.

Dado que no todos los problemas tienen el mismo tipo de interpretación por parte de las personas, conviene que los métodos que hay que utilizar para recabar información precisa y clara sean tanto objetivos como subjetivos. Además de la identificación del problema, es necesario llevar a cabo una **evaluación de las necesidades** para que, de esta forma, se pueda recabar toda la información posible.

b) **Búsqueda de soluciones posibles**: para conocer cuáles son los determinantes del problema, se deben distinguir dos tipos de factores. Por un lado, los **factores precipitantes**, que son los que han propiciado la activación del problema existente; y por otro lado, los **factores perpetuantes**, aquellos que mantienen este problema activo.

Una vez concretados estos factores determinantes, es posible comenzar una búsqueda de soluciones posibles, así como comenzar a plantear propuestas encaminadas a solucionar los problemas detectados en el anterior paso.

c) **Planteamiento de objetivos**: a medida que el equipo experto vaya teniendo claro cuál o cuáles son los problemas que necesitan resolución, también tendrán que tener en cuenta los fines y objetivos, tanto a corto como a largo plazo, que se pretenden conseguir.

d) **Diseño de la intervención e intervención**: una vez planificados los fines y objetivos, será necesario llevar a cabo el planteamiento de las actividades que se van a realizar y, a continuación, lo más importante: llevarlas a cabo.

A continuación se presenta este proceso con un ejemplo referido a la igualdad entre mujeres y hombres.

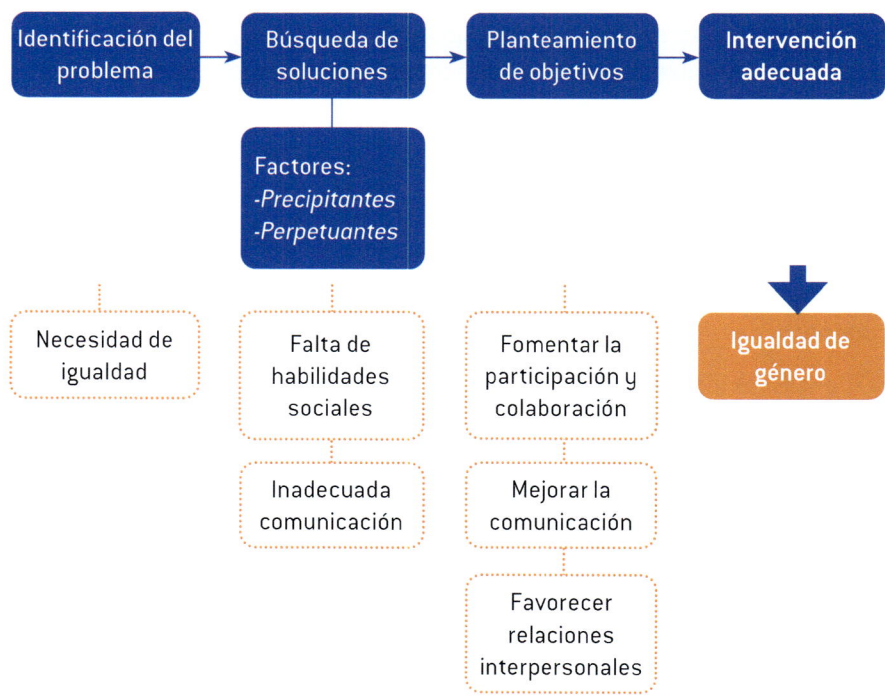

Figura 1.7. Proceso que seguir por parte del equipo profesional en una intervención.

En este proceso de intervención, las **relaciones humanas** son muy importantes, más aún cuando estas relaciones se basan en la participación conjunta tanto de hombres como de mujeres por igual. La participación activa de las personas en el grupo supondrá un **aprendizaje** que facilitará el **cambio grupal,** pero también el **cambio personal**. Es así como los cambios se producen sin que la persona sea apenas consciente de que está cambiando.

Además de todo lo anterior, de la cooperación necesaria entre las personas y de la conducta que las mismas manifiesten, los resultados finales también dependerán de la interacción que cada persona mantiene con el entorno en el que se encuentra, tal como se ha indicado anteriormente. Al respecto, Kurt Lewin, uno de los autores más influyentes en el ámbito de la psicología social, desarrolló la **teoría del campo,** la cual valora las fuerzas y los factores que influyen en cualquier situación en la que la persona se ve involucrada. Este autor señaló la existencia de dos fuerzas que son totalmente opuestas: por una parte, aquellas fuerzas que motivan a la persona hacia sus fines; y por otra parte, aquellas otras fuerzas que por el contrario inhiben a la persona en su avance hacia la consecución de dichos fines.

Además de explicar el cambio que se produce en la formación y desarrollo de proyectos participativos, es importante conocer esta teoría, puesto que sirve de guía tanto para la transformación de las personas como de las organizaciones.

Cuando existe un proyecto participativo, se debe tener en cuenta toda la situación general planteada, tanto los detalles personales como los ambientales, así como también la interacción que se produce entre los mismos. Por el contrario, no es conveniente centrarse en cuestiones específicas o focales, ya que pueden sesgar la percepción que la persona tiene sobre las circunstancias reales de la situación. Una **visión holística** facilita una visión clara, además de profunda, en su comprensión durante el proceso de cambio. Resumidamente, y en palabras del propio Lewin, *para entender un sistema hay que intentar cambiarlo*.

Generalmente se acepta que en un **problema social** concurren una situación *objetivamente* problemática, así como una definición socialmente *subjetiva* de esa situación. El problema es la manifestación de una discrepancia entre *lo que es* y *lo que debiera ser*, algo que queda claro cuando un número significativo de personas perciben una situación como amenazadora para sus valores, y, por ello, creen adecuado una acción colectiva que dirija el cambio. Los problemas sociales impiden el desarrollo y progreso de una comunidad, por lo que es necesario identificarlos y solucionarlos a través de cambios significativos.

La teoría del campo de Lewin se compone de **tres fases:**

1.ª **Fase de la descongelación:** esta fase inicial es de preparación y consiste principalmente en reconocer la necesidad de afrontar un cambio. Se trata de una fase compleja debido a las resistencias naturales que las personas tienen respecto a los cambios de rutinas o de formatos.

En este punto, es importante que tanto hombres como mujeres interaccionen de forma eficaz y esto se consigue a través del favorecimiento de diferentes y variadas estrategias, como la elaboración de proyectos cuyo formato ilusione, la transmisión de una información adecuada, una comunicación eficaz, fomentar la participación grupal, etcétera.

Conviene transmitir en todo momento a las personas la necesidad de un cambio, pero un cambio en sentido favorable y que, además, provocará resultados positivos. Crear un entorno de **seguridad psicológica** es sumamente esencial si se desea que las personas pasen de esta etapa a la siguiente con seguridad y convicción.

2.ª **Fase del cambio:** en esta fase se produce el cambio necesario. Las viejas creencias ya no pueden mantenerse y las personas son conscientes de la necesidad de cambiar.

En esta fase es crucial proporcionar apoyo emocional suficiente a las personas, pero en ningún caso se debe tratar de imponer un nuevo sistema de creencias, ya que las personas deben encontrar y, lo más importante, aceptar este sistema de creencias por sí mismas. Cuando las personas lo consiguen, entonces la nueva mentalidad se consolida y será posible pasar a la siguiente fase.

3.ª **Fase de la recongelación:** en esta última fase se produce una mentalización que dirige los objetivos hacia la creación de una nueva estructura.

Es importante que todo lo establecido en las dos anteriores fases se vea reflejado en esta fase de la recongelación y que tanto los procesos de pensamiento como las prácticas y conductas de las personas adopten una rutina, pues es así que de esta forma se favorecerá la consolidación de un proyecto participativo que beneficiará a todas las personas, tanto a las personas individualmente como al grupo en general.

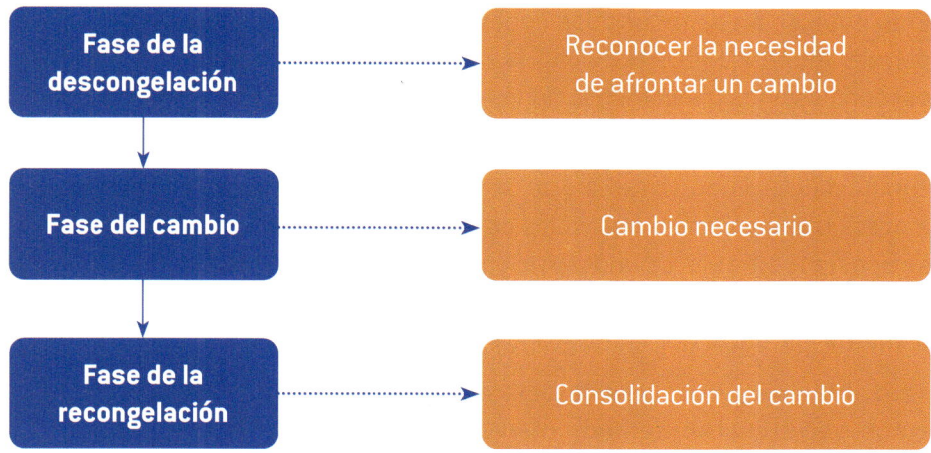

Figura 1.8. Las tres fases de la teoría del campo.

Finalmente, después de realizar una intervención adecuada, es conveniente llevar a cabo una **evaluación de los resultados obtenidos**. La evaluación es un proceso que se encamina a determinar de manera más sistemática y objetiva posible la pertinencia, eficacia, eficiencia e impacto de las actividades llevadas a cabo conforme a la obtención de unos objetivos específicos. Esta evaluación permite obtener información esencial, así como analizar el cumplimiento de las propuestas para cada uno de los objetivos específicos del programa en términos de su actividad, eficacia y eficiencia para obtener conclusiones que permitan retroalimentar la gestión del programa.

Se puede obtener información muy relevante a partir de este tipo de evaluación, por ejemplo:

- Medida del cumplimiento de los objetivos específicos del programa o proyecto. También se puede evaluar el cumplimiento de los mismos según el tiempo y los costes previstos inicialmente.

- Problemas que se presentaron durante la ejecución del programa y que impidieron el logro de los objetivos en el tiempo previsto y con los costes estimados.

- Diversas situaciones que se presentaron durante la ejecución del programa y que permitieron el logro de los objetivos específicos antes del tiempo programado y a un menor coste de lo previsto.

- Una serie de conclusiones que hagan referencia a mejorar la planificación, la gestión del programa, así como también el diseño y ejecución de futuros programas o proyectos.

Esta evaluación de resultados concluye con un **informe de evaluación** que permita identificar la efectividad, la validez y la eficiencia del programa y sacar conclusiones y recomendaciones para futuros programas o proyectos.

Para conseguir un cambio y poder mejorar el desarrollo de la igualdad en una comunidad, es importante valorar una toma de conciencia sobre aquellos elementos que significan obstáculos para el desarrollo individual o grupal. Esto se consigue a través de una participación y aprendizaje colectivo, el cual deberá estar basado en las propias experiencias de las personas, así como en la **memoria histórica,** que como grupo se deja atrás.

Pero ahora bien, ¿cómo se detectan las necesidades de participación en el entorno en el cual se pretende intervenir?

1.2. DETECCIÓN Y GESTIÓN DE LAS NECESIDADES DE PARTICIPACIÓN EN EL ENTORNO DE INTERVENCIÓN

Todos los proyectos exigen, como no podría ser de otra manera, la participación de las personas, lo cual facilita la creación de una sociedad desarrollada y equilibrada. Además, uno de los objetivos primordiales de todo proyecto será mantener, pero también mejorar, la calidad de vida de las personas y grupos que integran dicha sociedad, tanto hombres como mujeres por igual.

Figura 1.9. El Consejo de Participación de las Mujeres es un órgano colegiado de naturaleza participativa y de carácter consultivo y asesor, adscrito a la Administración General del Estado, a través del Ministerio de Igualdad.

La OMS define la **calidad de vida** como *la percepción del individuo de su posición en la vida, en el contexto de la cultura y sistema de valores en los que vive y en relación con sus objetivos, expectativas, estándares y preocupaciones.* Este concepto de calidad de vida se refiere tanto a **indicadores objetivos** (las condiciones de vida) como a **indicadores subjetivos** (la satisfacción con la vida).

El **bienestar subjetivo,** concepto muy relacionado con el anterior, hace referencia a la evaluación que las personas realizan acerca de su vida. En esta evaluación intervienen las emociones y la satisfacción. Cuando una persona disfruta de bienestar se está haciendo referencia a un resultado conjunto de satisfacción con la vida, felicidad y buena salud.

Hoy en día, es necesario el fomento de la creación de infraestructuras y servicios públicos que tengan en cuenta la calidad de vida. Para alcanzar unos niveles en la calidad de vida que sean considerados positivos, las necesidades de los grupos de población deben ser resueltas. McKillip (1989) define la **necesidad** como *un juicio de valor de que un grupo de población tiene un problema que puede ser solucionado.*

Es importante aclarar que la anterior definición hace referencia en primer lugar a un *juicio de valor,* es decir, al hecho de que personas que tengan valores diferentes reconocerán necesidades diferentes. Además, se refiere al problema como un *resultado* que no es el que se ajusta con las expectativas. Finalmente, identifica necesidad con la **búsqueda de soluciones posibles.**

Se deben valorar todas aquellas **necesidades** de las cuales tradicionalmente se han ocupado las mujeres y que, además, las han mantenido en un segundo plano, favoreciendo con ello una desigualdad de género evidente. Mantener esta tradición ha provocado que la participación tanto pública como social de las mujeres siempre haya sido menor que en el caso de los hombres. Estas necesidades tradicionales han estado ligadas al cuidado de personas mayores o de niños, por ejemplo, y ello siempre ha comprometido la visión pública de las mujeres, la cual se ha visto forzada a mantenerse en un ámbito privado dentro del hogar. Una consecuencia de ello ha sido la tardía incorporación de la mujer al trabajo y su posterior reducción de la jornada laboral debido a cuestiones relacionadas con el cuidado del ámbito familiar. A este respecto, se pueden señalar algunas cuestiones relacionadas que aún a día de hoy siguen siendo trabas para el crecimiento de la participación de la mujer. A continuación se presentan dos de ellas:

- **Techo de cristal:** se emplea este término para hacer referencia a aquellos obstáculos o impedimentos, invisibles mayoritariamente, que no permiten a las mujeres alcanzar sus metas en el ámbito profesional o personal.

- **Suelo pegajoso:** se emplea este término para hacer referencia a que las mujeres no pueden ascender ya que se las empuja hacia abajo y, de esta manera, no es posible que asciendan a puestos donde la participación y visibilidad pueda ser mucho más activa.

Para identificar y visibilizar claramente las necesidades de participación, se puede recurrir a varios **métodos,** siendo algunos de ellos los siguientes:

- **La observación**

  A través de este método se puede medir la forma, la duración y la frecuencia, así como aquellos antecedentes y consecuentes al comportamiento que las personas manifiestan en determinados contextos sociales. La *observación participante* es aquella en la que la persona que investiga se involucra con aquellas personas que analiza en su contexto.

  A pesar de tener muchas ventajas, este método también cuenta con muchas desventajas, siendo algunas de ellas los cambios que se producen en las personas por el mero hecho de sentirse observadas, o el peligro que corre quien investiga de sentirse involucrado en el proceso, de tal modo que este hecho afecte a sus habilidades para desarrollar hipótesis.

- **La encuesta**

  Siguiendo la definición aportada por García Ferrando (1994), una encuesta es «una investigación realizada sobre una muestra de sujetos representativa de un colectivo más amplio, que se lleva a cabo en el contexto de la vida cotidiana, utilizando procedimientos estandarizados de interrogación, con el fin de obtener mediciones cuantitativas de una gran variedad de características objetivas y subjetivas de la población». Es uno de los métodos más objetivos y globales que se puede encontrar.

- **Los indicadores sociales**

  Los indicadores sociales son medidas objetivas de comparación que valoran los cambios. Estos han de ser precisos, específicos, claros, consistentes y, además, han de ser sensibles a los cambios. Los indicadores pueden modificarse con el paso del tiempo y, por ello, deben ser flexibles para poder adaptarse a la realidad del momento.

  Los **indicadores de género** son aquellos *indicadores específicos encargados de obtener información clave que resume la situación actual respecto a la igualdad de oportunidades y participación de las mujeres.*

Teniendo en cuenta estos métodos y otros, todas las comunidades deberían ser capaces de percibir y detectar lo que sus miembros necesitan y, así, garantizar la estabilidad y la calidad de vida de las personas.

Valorando los métodos anteriores, se encuentran **dos tipos de necesidades:**

a) **Necesidades básicas:** este tipo de necesidades están relacionadas con las condiciones de la vida actual, tanto de hombres como de mujeres.

b) **Necesidades estratégicas:** este tipo de necesidades están relacionadas con la mejora en el ámbito de la igualdad entre los hombres y las mujeres. Aquí se incluyen las necesidades que requieren la participación de las mujeres para poder alcanzar la igualdad de oportunidades.

Además de los indicadores de género mencionados, a través de un **diagnóstico participativo** las personas pueden ejercer en todo momento su poder de decisión, pueden estar al tanto de lo que las demás personas piensan, ofrecer apoyo y experiencia, así como obtener sus propias conclusiones acerca de la labor participativa que se está llevando a cabo. El diagnóstico participativo permitirá establecer una jerarquización de las necesidades existentes en una sociedad o comunidad, y, de esta forma, poder identificar con mayor facilidad aquellas necesidades que requieren intervención y mayor compromiso por parte de la ciudadanía.

Para poder realizar este diagnóstico, es necesario diseñar una serie de pasos sucesivos:

1. **La identificación del problema:** conviene tener en cuenta a las personas, pero nunca se puede olvidar que todo problema surge en un entorno concreto o en una situación específica.

2. **El análisis del contexto en el cual se manifiesta el problema:** valorar los elementos del entorno es algo sumamente fundamental, ya que son los que desencadenan, incrementan o mantienen los problemas.

   Si se pretende que un problema (la desigualdad de género) no se mantenga, es conveniente proporcionar los recursos necesarios para poder hacer frente a los problemas planteados. Cuando una persona dispone de recursos, su conducta y forma de actuar varía, por ello conviene que en el proceso de fomentación de la participación se favorezca el desarrollo de habilidades y estrategias encaminadas a la adaptación de la persona a una nueva situación favorable y positiva.

3. **La priorización de unas necesidades por encima de otras:** en este caso, las necesidades que tener en cuenta son todas aquellas relacionadas con

la mejora de la participación de las mujeres en el ámbito público. El objetivo es jerarquizar y determinar cuáles son las más importantes.

4. **Establecer con claridad qué tipo de información se posee y qué tipo de información se necesita recabar**: esto se realiza a través de una exhaustiva evaluación.

5. **Planificar la intervención y llevarla a cabo**: la importancia de una adecuada intervención radica en que esta misma proporcionará las bases para que la comunidad siga desarrollándose por un buen camino.

Teniendo en cuenta las posibles necesidades participativas de las personas, conviene recalcar tres **funciones** específicas con las que se debe identificar todo proyecto que tenga por objetivo alcanzar una sociedad cohesionada en sus valores:

a) **Función preventiva**: esta función consiste básicamente en el desarrollo de determinadas actuaciones que impidan la aparición de problemas o dificultades, los cuales puedan entorpecer los niveles de calidad de vida adquiridos por las personas.

b) **Función impulsora**: se trata de potenciar los niveles de bienestar social y calidad.

c) **Función integradora**: esta función trata de solucionar los problemas planteados en la sociedad y, de esta forma, buscar la integración social en todos los niveles.

Además de la participación, es necesario que en el entorno de intervención se fomente la creación y desarrollo de otro valor social básico, que se ha visto muy deteriorado en las sociedades industriales a causa del individualismo, el utilitarismo y el autointerés: la **solidaridad social**.

1.3. MANEJO DE METODOLOGÍAS PARTICIPATIVAS

Una comunidad que se cree capaz de transformar el entorno social y solventar aquellos problemas que se plantean, desarrolla un **sentido de comunidad** efectivo y un fortalecimiento (también llamado *empowerment*). Estimular la participación social es el objetivo primordial que se debe tomar como referencia para poder alcanzar unos intereses en común. Para ello, conviene adoptar un **modelo proactivo**, de búsqueda, que, en este caso, evaluará las necesidades descritas previamente.

La **proactividad** es la adopción de una actitud en la que se asume el control de una forma activa, la cual implica la toma de iniciativa para poder desarrollar

Figura 1.10. La igualdad de trato y de oportunidades entre mujeres y hombres
es un principio informador del ordenamiento jurídico.

acciones audaces y creativas que puedan favorecer al grupo en general. Actuar con proactividad significa poner en marcha la búsqueda de respuestas a problemas en vez de esperar a que las cosas sucedan. Además de lo anterior, consiste en crear nuevas oportunidades a través de la búsqueda activa de información y adaptarse de manera positiva a las condiciones que el entorno plantea.

Por otra parte, el término **metodología** hace referencia a un conjunto de procedimientos adecuados que permiten un determinado proceso de investigación, así como el desarrollo del conocimiento sobre el objeto de investigación. En este caso, el objetivo podría ser la investigación de la participación de las mujeres en el ámbito público. Es importante concienciar a las personas de que la participación ciudadana es fundamental para la transformación de la realidad actual. Atender a las necesidades que se plantean, así como poder solucionar los problemas derivados, se consigue a través de la acción social y de la participación ciudadana.

Concretamente, existe una variedad de técnicas y métodos dirigidos a fomentar la participación de las personas y facilitar de esta manera la creación de una estructura interna en el seno del propio grupo. El intercambio de ideas y opiniones es esencial en el proceso de la participación cuando se encuentran grupos cuyo objetivo es identificar necesidades sociales y los problemas derivados, como, por ejemplo, la necesidad de mejorar la participación de las mujeres en la sociedad social.

Un término muy relacionado con la participación es el de **facilitación social,** es decir, *el fortalecimiento de las respuestas dominantes de un sujeto debido a la presencia de otros*.

Algunas de las **técnicas** que promueven la participación y facilitan la cohesión grupal son las siguientes:

a) **Discusión dirigida**: esta técnica está diseñada para que un grupo de personas, preferiblemente no muy grande, pueda intercambiar diferentes opiniones e ideas. En este caso, existirá la presencia de una persona que modere, quien decidirá qué tema es conveniente tratar y elaborará, además, información que pueda ser de utilidad para los y las participantes.

b) **Seminario**: en este caso, el grupo de participantes estudia el tema con mayor profundidad, presentando al final un informe con los datos que ha obtenido de su investigación. No es conveniente que el grupo de participantes sea inferior a cinco ni superior a doce.

c) **Phillips 6/6**: esta sencilla técnica consiste en dividir a un grupo en un máximo de 6 personas por subgrupo, los cuales durante 6 minutos deberán discutir entre ellos para poder resolver un problema planteado por quien modera.

d) **Tormenta de ideas**: los y las participantes pueden expresar con libertad todo aquello que consideren conveniente respecto a un tema.

e) **Técnica de grupo nominal**: quien modera expone un problema mientras que los y las participantes anotan sus ideas. A continuación, se hará una ronda y quienes participan expondrán una única idea interaccionando únicamente en este momento con quien modera, quien además la anotará. Finalmente, cuando las ideas de todas las personas estén expuestas, se iniciará una discusión entre las mismas.

Otras técnicas participativas son *la mesa redonda, el foro, la adopción de roles*, etcétera.

Todas estas técnicas pueden ayudar a identificar las necesidades que existen en una sociedad, y así, de esta manera, se podrá trazar un proyecto de intervención adaptado a las mismas.

© Ediciones Paraninfo

Finalmente, cuando se habla de participación, se suelen establecer **cinco tipos principales de participación:**

1. **Participación individual**: se refiere a aquellas acciones individuales, como, por ejemplo, el ejercicio del voto.

2. **Participación social informal**: la participación toma la forma de ayuda entre miembros próximos, como, por ejemplo, el vecino que ayuda a otro vecino de su edificio a subir una compra pesada.

3. **Participación de movimientos sociales**: es la acción por parte de toda la colectividad, por ejemplo, las acciones dirigidas a la mejora de la participación de la mujer en determinados ámbitos de la sociedad.

4. **Participación en asociaciones**: se refiere a las acciones llevadas a cabo por personas con intereses comunes y que pertenecen a organizaciones (con un fin común y conforme a unos estatutos).

5. **Participación en voluntariado**.

Es importante recordar que la metodología siempre debe estar al servicio de los **objetivos** de la investigación, los cuales pueden ser varios. Tan importante es **clarificarlos como priorizarlos** antes de comenzar una metodología determinada, la cual debe estar adaptada a los mismos.

1.4. DISEÑO DE PROTOCOLOS Y MECANISMOS DE COLABORACIÓN CON EL EQUIPO EXPERTO EN IGUALDAD EFECTIVA DE MUJERES Y HOMBRES Y CON EL ENTORNO PARA PROMOVER LA PARTICIPACIÓN

Desarrollar la igualdad de oportunidades y fomentar la participación de las mujeres significa estar contribuyendo a la construcción de una sociedad más justa y democrática, en la cual la representación de ambos sexos en las estructuras sociales, políticas y económicas se muestre como igualitaria.

Figura 1.11. La igualdad entre mujeres y hombres es un principio jurídico universal reconocido en diversos textos internacionales sobre derechos humanos.

Para crear un ambiente que fomente la participación ciudadana, el equipo experto encargado de realizar el proyecto debe promover e impulsar **confianza**, **compromiso** y **colaboración** mutua entre las personas que formarán parte del proceso participativo.

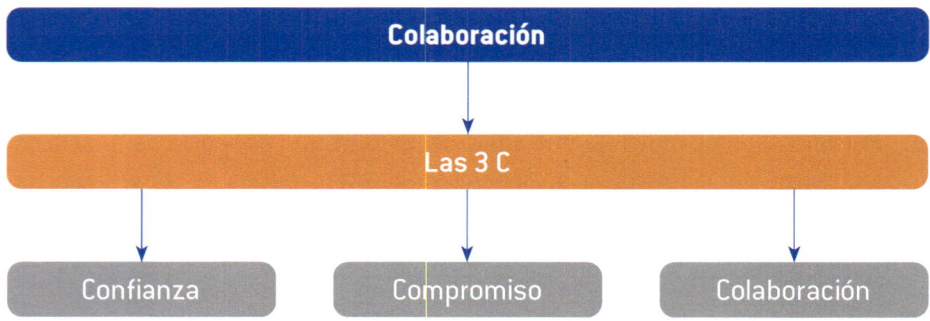

Figura 1.12. Las 3 C que conforman la colaboración.

Es esencial generar un **clima de confianza,** el cual sea propicio para desarrollar relaciones interpersonales. Esta será la base principal a partir de la cual se genere un **compromiso** por parte de los participantes, así como un **sentido de pertenencia**, es decir, *una satisfacción personal por sentirse integrante de un grupo*. Este compromiso, como lazo emocional que une a los diferentes participantes, provocará que las personas puedan dar lo mejor de sí mismas, promoviendo además comportamientos y actitudes positivas en beneficio de nuestra sociedad, lo cual también generará un **ambiente constructivo.**

Finalmente, gracias a la colaboración entre los y las participantes, podrá formarse un **ambiente agradable** en el que se desarrollen propuestas e ideas que beneficien a hombres y mujeres por igual.

Algunas de las condiciones básicas para desarrollar un **buen trabajo participativo en equipo** son:

- La existencia de un objetivo que todas las personas del grupo reconozcan y entiendan como de interés común, es decir, que beneficie a todas las personas de la sociedad en conjunto y por igual, sin distinciones.

- Establecimiento de unas funciones o tareas para cada miembro. Tareas colaborativas, participativas, etc. Se pretende que las personas se sientan sujetos agentes de la sociedad, es decir, participantes.

- Participación, colaboración y compromiso por parte de todas las personas.

- Buena comunicación entre las personas integrantes que forman parte del proceso participativo. Es conveniente facilitar y promover la comunicación.

Debe fluir tanto de niveles superiores a niveles inferiores, y viceversa, es decir, desde el equipo experto encargado del proyecto participativo hasta las personas participantes, así como al revés.

- Compartir responsabilidad en los resultados obtenidos, tanto favorables como desfavorables.

- Capacidad para la autoevaluación y autoanálisis como grupo en conjunto. Los resultados más positivos y favorables siempre se obtienen cuando se tienen en cuenta todas las diferentes aportaciones de cada una de las personas según el conjunto que representa.

1.5. MECANISMOS PARA EL CAMBIO DE ESTRUCTURAS QUE PROMUEVAN LA PARTICIPACIÓN: *MAINSTREAMING* DE GÉNERO

Se utiliza el concepto *mainstreaming* de género como sinónimo de **transversalidad de género**. Se trata de un enfoque integrado que se refiere a la responsabilidad de todos los poderes públicos en el avance de la igualdad entre mujeres y hombres.

Figura 1.13. La transversalidad de género es una estrategia eficaz para el avance en la consecución de la igualdad entre mujeres y hombres en las políticas públicas y supone contribuir a eliminar desigualdades de género.

El Consejo de Europa en 1999 definió el *mainstreaming* de género como «la organización (la reorganización), la mejora, el desarrollo y la evaluación de los procesos políticos, de modo que la perspectiva de la igualdad de género se incorpore en todas las políticas, a todos los niveles y en todas las etapas, por los actores normalmente involucrados en la adopción de medidas políticas».

Este enfoque permite favorecer la incorporación y aplicación del principio de igualdad de trato, así como de oportunidades entre hombres y mujeres a las políticas de carácter público. De esta forma, se garantizará la posibilidad de acceso a todos aquellos recursos en igualdad de condiciones, tanto para hombres como mujeres.

Además, todas las políticas que se planifiquen tendrán en cuenta las posibles desigualdades existentes, así como la posible discriminación existente en ese momento, así, de esta forma, se podrán diseñar proyectos basados en el objetivo de la igualdad.

Por otra parte, se entiende por **discriminación** *todo trato desigual que no tiene una causa justa, objetiva y razonable que lo justifique, y que consecuentemente origina un daño negativo a un colectivo históricamente perjudicado,* en este caso, el colectivo de las mujeres.

Se diferencian **dos tipos de discriminación**:

- La **discriminación directa** es aquella que implica un trato desigual detectable, por ejemplo, en el caso de reservar un puesto de trabajo para un hombre por el hecho de serlo.

- La **discriminación indirecta** es aquella que implica un trato desigual, pero que se realiza de una manera encubierta, por lo que es más difícil de detectar. Un ejemplo de este tipo de discriminación sería aplicar como requisito una estatura concreta para un puesto con el cual no guarda ningún tipo de relación, y que, además, resultaría de difícil cumplimiento para las mujeres.

Concretamente, conviene señalar dos tipos de segregación respecto a la **discriminación salarial**:

- **Segregación horizontal**: hace referencia al hecho de que las mujeres trabajan con frecuencia en sectores con menores salarios, como, por ejemplo, el sector servicios.

- **Segregación vertical**: hace referencia al hecho de que las mujeres habitualmente ocupan puestos de menos nivel y salario, independientemente del sector en el cual trabajen.

Todo lo referente a la integración del principio de igualdad de trato y de oportunidades en las políticas generales implica dos cambios reseñables. Por una parte, un cambio en el modo de actuación y de gestión de las oportunidades de igualdad, es decir, un cambio de carácter procedimental. Para poder satisfacer de forma equitativa las necesidades que presentan hombres y mujeres, es necesario recalcar la situación y posición social tanto de hombres como de mujeres. Por otra parte, será necesario llevar a cabo un cambio estructural que tenga en cuenta la estructuración de la Administración pública y, así, poder erradicar aquellos elementos que mantienen desigualdades entre ambos sexos.

1.6. ACCIONES POSITIVAS PARA IMPULSAR LA PARTICIPACIÓN. CUOTAS

En 1993, la Organización de las Naciones Unidas, en el preámbulo de su *Declaración sobre la eliminación de la violencia contra la mujer*, proclamaba la urgente necesidad de la aplicación a las mujeres los **derechos y principios del género humano**: **seguridad, integridad, libertad, dignidad e igualdad**. Son estos principios los que deben marcar todo tipo de actuaciones dirigidas hacia el objetivo de la igualdad entre hombres y mujeres.

Figura 1.14. Las acciones positivas en igualdad de género son aquellas medidas que se toman para corregir situaciones patentes de desigualdad que sufren las mujeres respecto a los hombres en diferentes ámbitos, como el laboral o el político.

En el artículo 3 de la citada declaración, se expone:

La mujer tiene derecho, en condiciones de igualdad, al goce y la protección de todos los derechos humanos y libertades fundamentales en las esferas política, económica, social, cultural, civil y de cualquier otra índole. Entre estos derechos figuran:

a) *El derecho a la vida.*

b) *El derecho a la igualdad.*

c) *El derecho a la libertad y la seguridad de la persona.*

d) *El derecho a igual protección ante la ley.*

e) *El derecho a verse libre de todas las formas de discriminación.*

f) *El derecho al mayor grado de salud física y mental que se pueda alcanzar.*

g) *El derecho a condiciones de trabajo justas y favorables.*

h) *El derecho a no ser sometida a tortura, ni a otros tratos o penas crueles, inhumanos o degradantes.*

Sin embargo, estos derechos no se cumplen, pues se vive en un mundo en el cual la vida de las mujeres está amenaza por el mero hecho de ser mujeres, y en todos los países, en mayor o menor medida, esta desigualdad es aún notable.

En Bangladés, cuya sociedad está marcada por el **patriarcado** y el islam, y donde cualquier tipo de oposición que una mujer plantee se considera como una acción merecedora de un castigo. Tanto en este país como en otros vecinos, no son infrecuentes los casos en los que mujeres son desfiguradas mediante chorros de ácido. Los motivos son varios: no aceptar una petición de matrimonio, negarse a mantener una relación sexual, ser víctima de violencia de género, etcétera.

Uno de los medios utilizados para poder alcanzar los derechos anteriormente citados (derecho a la vida, derecho a la igualdad, etc.) son las **acciones positivas**, las cuales se caracterizan por la *aplicación de políticas, planes, programas y acciones que están diseñados y encaminados a combatir los efectos de la desigualdad*.

Se define **patriarcado** (literalmente *el dominio de los padres*) como una forma de organización social por la que los hombres dominan, oprimen y explotan a las mujeres.

Sylvia Walby hace hincapié en la diferencia que han experimentado a lo largo del siglo xx las sociedades occidentales, donde se ha pasado del *patriarcado privado* (*los hombres regulan la vida diaria en el hogar*) al *patriarcado público* (*son el Estado y el mercado laboral los que determinan la vida de las mujeres*).

Existen determinados comportamientos sociales, denominados **roles de género**, que siguiendo la lógica patriarcal se determinan para cada uno de los sexos. Por ejemplo:

- *Mujer*: mundo interior y privado, invisibilización, pasividad, pasión y debilidad, etcétera.

- *Hombre*: mundo exterior y público, visibilización, actividad, razón y fuerza, etcétera.

Desde este punto de vista del patriarcado, los roles de género se conciben y se intentan transmitir de forma natural. El punto de vista de una familia que se rige por el patriarcado tradicional concibe un *autoritarismo masculino*, una *sumisión femenina* donde el hombre es poseedor de toda la verdad sin admitir cuestionamiento alguno, así como el pensamiento de que todo lo que ocurre en casa, se queda en la casa.

Las acciones positivas, respecto al ámbito de la igualdad entre hombres y mujeres, tienen como fin impulsar la participación del género femenino favoreciendo en todo momento la equiparación entre ambos sexos. La puesta en práctica de tales acciones se realiza basándose en la histórica discriminación y desigualdad que ha existido respecto a este grupo social.

Actualmente las acciones positivas, también llamadas *acciones afirmativas*, se perciben como un mecanismo de cambio social que beneficia tanto a hombres como mujeres.

Hoy en día existen muchos tipos de acciones positivas encaminadas a aumentar la representación de las mujeres en los diferentes ámbitos de la sociedad. Todas ellas buscan impulsar la participación de las mujeres en los diferentes ámbitos de la sociedad.

A continuación se presentan categorías de acciones positivas:

- **Políticas y legales:** sería el caso de la aplicación de un sistema de cuotas en el Parlamento, Gobierno, Ayuntamiento, etcétera.

  Las **leyes de cuotas** son otro de los mecanismos existentes para superar la desigualdad entre mujeres y hombres. Son una serie de normas legales, formuladas para propiciar un nivel de igualdad en la distribución de hombres y mujeres en los cargos que impliquen una elección de carácter popular y representación, con el fin de obtener una mayor participación y presencia de las mujeres en dichos puestos.

- **Económicas:** es el caso de las subvenciones que favorezcan la promoción de la contratación de mujeres en espacios donde la representación entre hombres y mujeres es desigual.

- **Culturales, educativas y sociales:** por ejemplo, diferentes campañas de sensibilización, así como subvenciones para la investigación y desarrollo de los estudios sobre la mujer. Se refiere a todo tipo de eventos artísticos y culturales en los que se visibilicen las aportaciones de las mujeres y se fomente la participación de las mismas.

Finalmente, es conveniente aclarar que hay opiniones tanto a favor como en contra de las acciones positivas.

Hay quien opina que este tipo de acciones, si bien buscan un tratamiento preferencial, lo hacen según unos argumentos relacionados con una *discriminación histórica*; otros opinan que, a pesar de que se amparan en ciertos mecanismos de selección expresamente encaminados hacia estos propósitos de no discriminación, serían estos mismos los que generan discriminación según la selección de carácter sesgado que se produce, es decir, los mecanismos planteados para no generar discriminación son, en sí mismos, mecanismos que generan **discriminación a la inversa**.

1.7. MANEJO DE INDICADORES DE GÉNERO EN MATERIA DE PARTICIPACIÓN

A lo largo de la historia, las interpretaciones culturales acerca de lo que es masculino o femenino han variado mucho.

El concepto **género** hace referencia a aquellos *aspectos sociales adscritos a las diferencias sexuales, o lo que es lo mismo, son aquellas expectativas que los miembros de una sociedad tienen acerca de los hombres y las mujeres.*

Figura 1.15. Un indicador de género es una medida que señala el estado o nivel de las diferencias entre hombres y mujeres en un momento del tiempo.

El género está presente a lo largo de toda nuestra vida social tiene mucha influencia en la visión que las personas tienen de ellas mismas y en las relaciones con los demás. Pero sobre todo debemos ser conscientes de que no implica solamente una distinción entre sexos, sino que en muchos ámbitos implica un sentido de jerarquización donde los hombres acaparan muchos espacios o recursos por el hecho de ser del género masculino, lo cual, favorece y fomenta desigualdad de género.

El diseño y construcción de instrumentos de medición de género se trata de una realidad relativamente reciente, pues ha sido en la década de los años 80 cuando se han comenzado a desarrollar instrumentos al respecto. Conviene hacer referencia a los **indicadores de género** como *aquellos señaladores que tienen la finalidad de identificar los cambios en las relaciones de género a través del tiempo.*

Su utilidad se relaciona con la habilidad para señalar cambios tanto en el estatus como en el rol de mujeres y hombres en distintos momentos del tiempo. De esta forma, es posible medir la igualdad entre ambos sexos.

Todos los indicadores de género en materia de participación deben cumplir unas condiciones fundamentales: *validez, fiabilidad, sensibilidad, comprensibilidad* y *accesibilidad.*

Siempre que se pretenda abordar cuestiones relacionadas con los anteriores aspectos, y, en este caso, relacionadas con materia de participación, se debe tener en cuenta una serie de puntos esenciales. Margrit Eichler (1988) señala cinco aspectos clave que es necesario conocer para no caer en errores frecuentes. Además, conviene saber reconocerlos siempre que se aborden estudios o proyectos relacionados con el género:

a) **Androcentrismo.** Este término hace referencia a la observación selectiva de unos hechos o a la posterior reflexión de los mismos desde una perspectiva masculina.

b) **Generalizaciones abusivas.** Consiste en extraer datos acerca de uno u otro sexo y, a partir de los mismos, sacar conclusiones acerca de los dos sexos.

c) **Olvidar la variable género.** Siempre es imprescindible tener en cuenta esta variable en todos los estudios e investigaciones.

d) **Utilizar dos varas de medir.** Esto es, medir dos conductas que son similares de una forma diferente y de acuerdo con el género.

e) **Dificultades por razón del género del investigador.** Puede ocurrir que el género de quien investiga comprometa el trabajo que debe desarrollar, por tanto, es una variable que debemos tener en cuenta.

Además de lo anterior, los objetivos deben estar consensuados, ser fáciles de utilizar y entender, así como estar claramente definidos. Por otro lado, un indicador de género debe poder cuantificarse, como es el caso de la creación de un indicador que mida el crecimiento de la participación de las mujeres en el ámbito social.

Aclarados los conceptos de género e indicadores de género, queda abordar cómo se deben manejar de forma adecuada. En primer lugar, conviene identificar y registrar las mayores **brechas** o desigualdades de género existentes. En segundo lugar, es necesario conocer la **tasa de cobertura**, es decir, la participación existente respecto al propio sexo.

Para ello, se debe trabajar en la modificación de la forma en que se muestran determinados **roles** masculinos y/o femeninos, así como el constructo social de los mismos. Por ejemplo, en el caso de la elección del estudio de la formación reglada u ocupacional existen varias opciones que se relacionan tradicionalmente con determinados sexos, es el caso de asociar el trabajo de soldador a hombres y el de limpiadora de superficies a mujeres.

© Ediciones Paraninfo

Elementos básicos de la estructura social

- **Estatus:** hace referencia a la posición social que ocupa una persona y que es reconocida por los demás.

- **Rol:** hace referencia a las expectativas sobre la conducta que cabe esperar de una persona según el concepto anterior, es decir, el estatus.

De forma resumida, se dice que una persona tiene un estatus pero desempeñará un rol.

1.8. MECANISMOS DE SEGUIMIENTO DEL TRABAJO DE COLABORACIÓN CON AGENTES DEL ENTORNO DE INTERVENCIÓN

Para lograr una igualdad efectiva entre hombres y mujeres en los diferentes ámbitos de la sociedad, se requiere llevar a cabo algunos pasos específicos relacionados con los agentes del entorno.

Figura 1.16. La colaboración hace referencia a trabajar junto con una o más personas para completar un proyecto o tarea o desarrollar ideas o procesos.

Se identifica a los **agentes del entorno** como agentes de socialización, es decir, las instituciones, grupos, asociaciones y organizaciones que directa o indirectamente contribuyen al proceso de la *socialización* de las personas. La socialización transcurre en muchos ambientes y se desarrolla durante la interacción con otras personas. Algunos de los agentes socializadores más nombrados por los y las profesionales de la sociología son:

- La familia (madre, padre y otros miembros familiares).

- La escuela.

- Las relaciones entre iguales.

- Los medios masivos de comunicación.

Los pasos específicos a los cuales se hacía mención anteriormente son los siguientes:

a) **Diagnosticar** y **analizar** la situación o posición en la que se encuentran hombres y mujeres. Según se ha visto anteriormente, de esta forma será posible identificar necesidades concretas que necesitan intervención, así como la detección de las desigualdades de género existentes.

b) **Planificar** y **programar** los proyectos que se llevarán a cabo según la participación y enfocados a la igualdad de oportunidades entre hombres y mujeres.

Pero ¿por qué es tan importante intervenir en los agentes socializadores? En palabras de John Dewey, extraídas de su obra *El niño y el programa escolar*, para clarificar este aspecto:

La única educación verdadera se realiza estimulando la capacidad del niño por las exigencias de las situaciones sociales en que se halla. Mediante estas exigencias es estimulado a actuar como miembro de una unidad, a emerger de su estrechez originaria de acción y de sentimiento y a considerarse él mismo desde el punto de vista del bienestar del grupo a que pertenece. Mediante las reacciones de los demás a sus propias actividades llega a conocer lo que estas significan en términos sociales. El valor que ellas tienen se refleja en él. Por ejemplo, mediante las reacciones a los balbuceos instintivos del niño, este llega a conocer lo que esos balbuceos significan; estos se transforman en lenguaje articulado, y así el niño es introducido en la riqueza acumulada de ideas y emociones que se hallan concentradas en el lenguaje.

Cuando ya se han realizado los anteriores pasos (diagnosticar-analizar y planificar-programar), se debe continuar con el conveniente **seguimiento** del trabajo de colaboración y participación que se ha llevado a cabo en el entorno de intervención, ya sea ámbito laboral, social, etc. Durante este seguimiento es necesario disponer de un *asesoramiento* y un *apoyo moral y material* en todo momento, además de una *coordinación* entre los y las diferentes profesionales y actores implicados en el proceso. Que todas las personas integrantes puedan sentirse implicadas e involucradas es de suma importancia. Además de esto, también se deberá valorar el diseño y seguimiento de las acciones de sensibilización, las políticas de igualdad implantadas, los modos de participación, el grado de participación, etcétera.

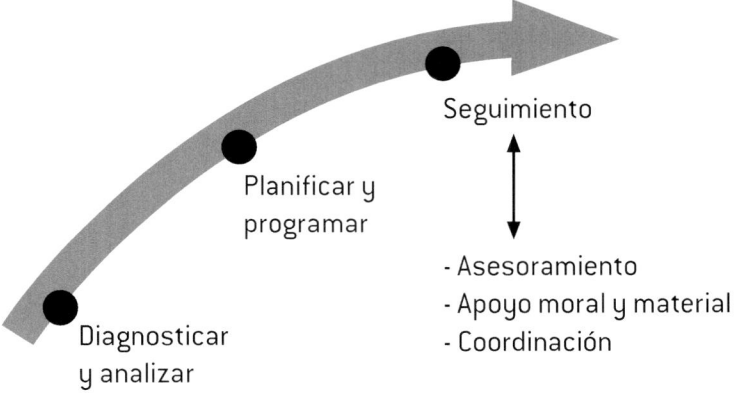

Figura 1.17. Pasos que seguir por los agentes del entorno.

Rodríguez-Marín, Cañadas, García del Castillo y Mira (2007) identifican cuatro aspectos fundamentales en la **planificación del seguimiento:**

- **Identificar la finalidad del seguimiento.** Se distingue por una parte el *seguimiento del impacto*, el cual se refiere a las consecuencias directas sobre la población diana, pero también hace referencia a las consecuencias que se producen en el entorno social; y el *seguimiento de la mejora* del programa, que está enfocado a detectar puntos fuertes y débiles del programa, y, así, poder desarrollar las medidas oportunas de mejora.

- **Especificar quiénes serán las personas responsables del seguimiento.**

- **Determinar cuáles serán los objetivos del seguimiento,** especificando contenidos, tareas y contextos que deben ser evaluados.

- **Determinar los momentos de evaluación del seguimiento.** La evaluación se establece en una dimensión temporal que corresponde con una evaluación a corto, medio y largo plazo.

Es primordial la **comunicación** y la **coordinación** con entidades tanto de carácter público como privado, así como con todos los agentes del entorno donde se realiza la intervención.

ACTIVIDAD FORMATIVA

Diseña un *plan de intervención* para un problema relacionado con la falta de participación de las mujeres en el ámbito laboral.

Sigue los pasos que se han planteado en la unidad y desarrolla cada uno de ellos:

1. Identificación del problema.

2. Búsqueda de soluciones posibles.

3. Planteamiento de objetivos.

4. Diseño de la intervención e intervención.

ACTIVIDADES FINALES

De comprobación

1.1. ¿En qué artículo de la Constitución española se incide en la necesidad de facilitar la participación de todas las personas?

a) Artículo 9.1.

b) Artículo 9.3.

c) Artículo 9.2.

1.2. ¿Cómo se ve a los sujetos cuando forman parte de la participación social?

a) Como sujetos agentes.

b) Como objetos sociales.

c) Como sujetos integradores.

1.3. ¿Qué es una red social?

a) Un entramado de vínculos familiares que une a un conjunto de personas diferentes entre sí.

b) Un entramado de vínculos sociales que une a un conjunto de personas diferentes entre sí.

c) Un entramado de vínculos sociales que une a un conjunto de personas iguales entre sí.

1.4. ¿Qué tipo de intervención tiene una perspectiva de carácter ecológico?

a) La intervención psicosocial.

b) La intervención social.

c) La intervención comunitaria.

1.5. ¿Qué autor propuso la teoría del campo?

a) Rappaport.

b) Lewin.

c) Bronfenbrenner.

1.6. Un modelo proactivo se caracteriza por ser un modelo...

a) De búsqueda pasiva.

b) De búsqueda activa.

c) De búsqueda intermedia.

1.7. ¿A qué hace referencia la facilitación social?

a) Al fortalecimiento de las respuestas no dominantes de un sujeto debido a la presencia de otros.

b) Al fortalecimiento de las respuestas intermedias de un sujeto debido a la presencia de otros.

c) Al fortalecimiento de las respuestas dominantes de un sujeto debido a la presencia de otros.

1.8. ¿Qué significa «sentido de pertenencia»?

a) Una satisfacción personal por sentirse integrante de un grupo.

b) Una satisfacción grupal por sentirse integrante de un grupo.

c) Una satisfacción emotiva por sentirse integrante de un grupo.

1.9. ¿Qué tipo de discriminación es la que implica un trato desigual llevado a cabo de manera encubierta?

a) La discriminación directa e indirecta.

b) La discriminación indirecta.

c) La discriminación encubierta.

1.10. ¿Qué es un indicador de género?

a) Aquel señalador que tiene la finalidad de identificar los cambios en las relaciones de género a través del espacio temporal y físico.

b) Aquel señalador que tiene la finalidad de identificar los cambios en las relaciones de género a través del espacio físico.

c) Aquel señalador que tiene la finalidad de identificar los cambios en las relaciones de género a través del tiempo.

De ampliación

1.1. Define las categorías de acciones positivas vistas en este capítulo.

1.2. Explica las diferencias entre estatus y rol.

2. Procesos grupales y gestión de conflictos

Contenido

Ninguno de nosotros es tan inteligente como todos nosotros juntos.

Refrán japonés

Figura 2.1. La multiculturalidad reconoce la diversidad cultural existente
en todos los ámbitos y promueve el derecho a esta diversidad.

Hoy en día las personas nacen inmersas en una sociedad compuesta por multitud de grupos y organizaciones: se nace en hospitales, se estudia en colegios, se hacen viajes organizados, etc. Se mire como se mire, vivir en grupo agrada pero también es algo que sin duda alguna beneficia. En palabras de Emile Durkheim, uno de los padres fundadores de la sociología: *amar a la sociedad es amar algo que está más allá de nosotros, pero también dentro de nosotros*. Este autor opinaba que la sociedad es más que la suma de las personas que la componen y, además, que esta tiene poder suficiente para influir tanto en los pensamientos como en las acciones de las mismas. Esta es solamente una de las muchas razones existentes por las cuales es tan importante estudiar a los grupos.

Cuando se hace referencia a un grupo, no se asocia a un mero **agregado** de personas, puesto que es necesario que entre las personas que lo componen se desarrollen procesos interaccionales y, además, procesos de influencia mutua entre dichas personas. Por ello, un agregado de personas será aquel conjunto de personas que constituye una colección de personas que manifiestan conductas semejantes (por ejemplo, personas que caminan por una avenida), pero que a diferencia de los grupos **no comparten ningún objetivo en común**.

Partiendo de una de las definiciones más relevantes en cuestión, Marvin E. Shaw (1979) define al **grupo** *como dos o más personas que interactúan mutuamente de modo tal que cada una influye en todas las demás y es influida por ellas.* Es más, añade que para que exista un grupo sus integrantes deben:

1. Persistir durante un cierto periodo de tiempo.

2. Tener uno o más objetivos comunes.

3. Haber desarrollado una estructura grupal, aunque solo sea rudimentaria.

Por otra parte, Bar-Tal (1990) exige tres condiciones que se pueden considerar como complementarias o accesorias a todo lo expuesto por el anterior autor:

1. Que los y las componentes de ese colectivo se definan como miembros del grupo.

2. Que compartan las creencias grupales.

3. Que exista algún grado de actividad coordinada entre sus componentes.

Es un hecho reconocido que las personas viven en grupos, y que ya desde la antigüedad esto siempre ha sido así. Los seres humanos forman grupos constantemente, por ejemplo, familias, parejas, círculos de amigos, grupos vecinales, clubes, etc. Los grupos sociales se componen de personas, tanto de hombres como de mujeres, que tienen unas experiencias o unos intereses comunes entre sí, y además, se puede presuponer que existen vínculos de confianza, así como de lealtad, entre esas mismas personas. Por ello, se debe tener bien presente que aunque los y las integrantes de un grupo social sean conscientes de su propia individualidad, se reconocen también como pertenecientes al grupo.

Principalmente, los grupos se forman por una necesidad biológica o cultural, pero también por una necesidad de afiliación. Es decir, el grupo logra satisfacer muchas necesidades de la persona que, por sí misma, no conseguiría satisfacer, por ejemplo, necesidades relacionadas con la propia definición personal de cada persona, necesidades relacionadas con la protección y la seguridad, necesidades de valoración y de estima, etcétera.

Respecto a la estabilidad y existencia de los grupos, se conoce que no son estáticos, que se crean en un momento dado respondiendo a una serie de necesidades, que evolucionan a lo largo del tiempo y que, en muchas ocasiones, acaban desapareciendo o transformándose en grupos diferentes.

Por otra parte, también se recurre al concepto de **categorización** como proceso básico, el cual se define como *el proceso de percepción, tanto física como social, que pretende simplificar la realidad social así como explicación a la formación de los grupos.* Las **categorías** hacen referencia a *un conjunto de* *personas que tienen en común alguna característica en común*. Por ejemplo, las mujeres, los padres solteros, etc. son categorías de personas y no grupos. Es así porque aunque todos ellos tienen una característica en común pero no se vinculan entre sí de otra forma, es decir, no tienen por qué conocerse entre sí.

Todos los grupos pasan por unas fases a lo largo de su desarrollo y el conocido **modelo de Worchel** (1992) describe *seis fases* en concreto: fase de desconten-to, fase del acontecimiento desencadenante, fase de identificación grupal, fase de productividad grupal, fase de individuación y fase de declive.

a) **Fase de descontento**: parte de la existencia previa de grupo. Algunos de sus miembros creen que su interés o sus ideas no están bien representadas y comienzan a mostrarse incómodos.

b) **Acontecimiento desencadenante**: se produce un acontecimiento que agudi-za las tensiones y provoca la división del grupo (expulsión de los disidentes o abandono voluntario).

c) **Identificación grupal**: constituye la primera fase en la formación de un nue-vo grupo. El objetivo del nuevo grupo en este estadio es conseguir una iden-tidad social compartida y establecer diferencias con otros grupos para justificar su existencia.

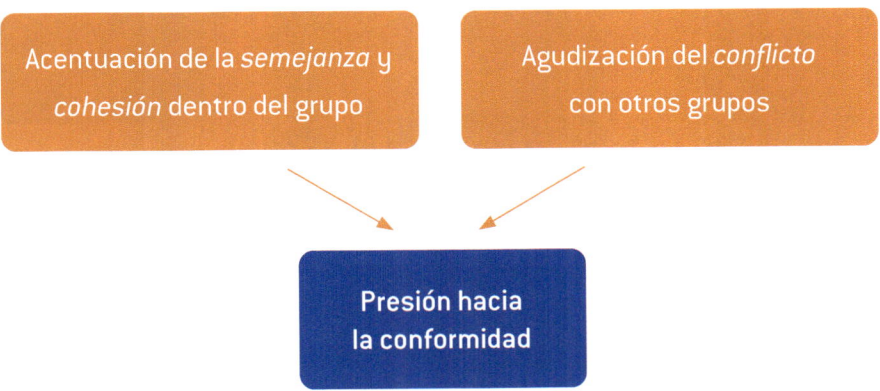

Figura 2.2. La conformidad es el grado hasta el cual quienes integran un grupo social cambian su comportamiento, opiniones y actitudes para encajar con las opiniones del grupo, lo cual los distancia de otros grupos.

d) **Productividad grupal**: el grupo puede centrarse ya en la consecución de sus objetivos. El conflicto con otros grupos se relaja y se toleran las discrepancias dentro del grupo (pero se rechazan si atacan la identidad grupal).

e) **Individuación**: la cohesión grupal empieza a disminuir y comienzan a apare-cer subgrupos, primero con relación a habilidades y roles similares y después en función de semejanzas en actitudes, interés, etc. Se trabaja menos para las metas grupales y más para las personales. Se cuestionan las normas del grupo y se exige mayor libertad personal.

f) **Declive**: el desplazamiento hacia la individualidad hace que el grupo sea menos importante para las personas. Algunas de ellas deciden marcharse y otros exigen cambios en el grupo. Si dichos cambios no se aceptan, se pasará al primer estadio (descontento) y el ciclo vuelve a comenzar.

Cabe señalar que una amenaza externa al grupo puede hacer que este retroceda a la fase de identificación para protegerse del peligro potencial.

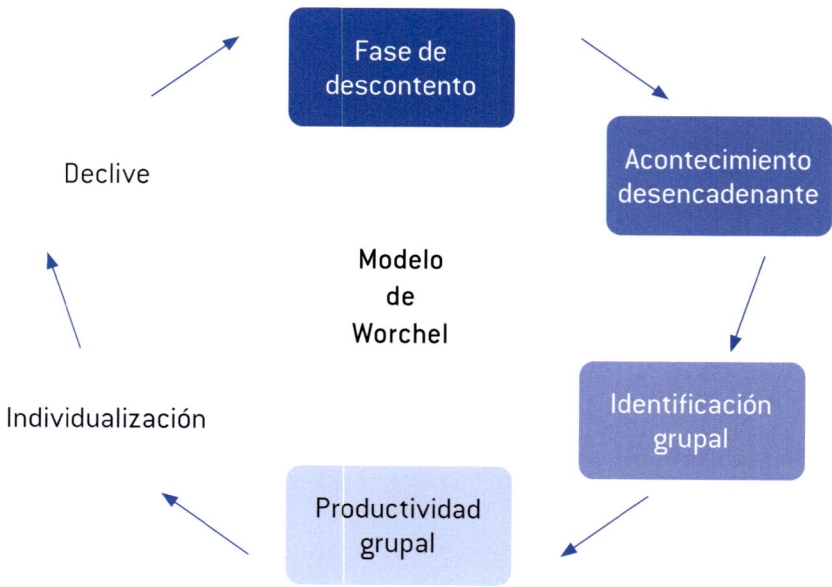

Figura 2.3. Fases del modelo de Worchel.

La **cohesión** es otro término que se encuentra muy relacionado con la categorización, y no tanto con la atracción interpersonal como con la atracción intragrupal que las personas experimentan hacia las personas integrantes de su propio grupo. Puede darse atracción intragrupal (cohesión) sin que exista atracción interpersonal con la mayoría de miembros.

Al respecto, se define un **grupo cohesivo** como *un grupo con el que sus miembros se identifican fuertemente a través de un proceso de categorización del yo*, y así, manifiestan en diversos grados atracción intragrupal, etnocentrismo, conducta normativa y diferenciación intergrupal. En situaciones de conflicto con otro grupo la **pertenencia grupal** se torna importante (inventar un enemigo para aumentar la cohesión).

Figura 2.4. La cohesión de grupo es la fuerza y el alcance de la conexión que existe entre quienes integran un equipo.

Fue Irving Yanis en 1972 quien aludió a otro proceso grupal relacionado con los anteriores, el de **pensamiento de grupo.** Lo describió como «el modo de pensamiento que emplean las personas cuando la búsqueda de concurrencia se vuelve tan dominante en un grupo cohesionado que este tiende a ignorar la evaluación realista de cursos de acción alternativos». Se trata de un alto precio que han de pagar, en ocasiones, los grupos cohesionados en su toma de decisiones.

Esto explica por qué en ocasiones ciertos grupos, a pesar de estar formados por personas altamente cualificadas, se empeñan en una forma de pensar rígida, la cual los lleva a tomar decisiones catastróficas y alejadas de la realidad, haciendo caso omiso de informaciones que podrían haberlos ayudado a tomar una decisión más acertada.

Las principales variables que favorecen el surgimiento del pensamiento de grupo son:

a) Alta cohesión grupal.

b) Aislamiento relativo grupal de los puntos de vista disidentes que puedan existir.

c) Líder tan directivo/a que siempre es quien propone las decisiones que tomar.

Finalmente, se debe hacer una breve mención a la **teoría de la comparación social** propuesta por Festinger (1954). Esta teoría hace referencia a la necesidad que todas las personas tienen de convencerse a sí mismas acerca de que son personas buenas, guapas, responsables, etcétera. Esto es la necesidad de una *autodefinición positiva*. Para ello, después de que la persona se compare con las demás personas, utiliza una serie de sesgos cognitivos, con el fin de que mantengan la identidad personal.

Es especialmente importante recalcar que la *identidad personal* se extrae de la *identidad social y grupal*. Debido a esto, se puede entender el **favoritismo endogrupal** (hacia el propio grupo) y la **hostilidad exogrupal** (grupo al que no se pertenece). Su importancia radica en el hecho de que a partir de estos planteamientos deriva la **discriminación**, la **hostilidad intergrupal,** así como los **prejuicios**.

Figura 2.5. La relación entre la identidad personal y la identidad social y grupal.

2.1. IDENTIFICACIÓN DE DINÁMICAS GRUPALES Y DETECCIÓN DE LAS APORTACIONES DEL GRUPO AL DESARROLLO INDIVIDUAL

Dentro de la psicología social se encuentra una subdisciplina llamada **dinámica de grupo,** la cual se dedica específicamente a estudiar la interacción de las personas en el seno de grupos pequeños. Habitualmente se considera a Kurt Lewin, el autor que elaboró la **teoría del campo** (vista en el capítulo anterior), el fundador de la moderna dinámica de grupo. Esta disciplina valora la actividad que se produce internamente en estos grupos, así como sus características, las similitudes o diferencias entre las personas integrantes que componen esos grupos, las fuerzas internas, las motivaciones y expectativas, las relaciones intergrupales, etcétera.

En primer lugar, conviene aclarar que son considerados **grupos pequeños** aquellos que *están compuestos por pocas personas y donde la interacción entre los miembros del mismo pueda ser directa y cara a cara*. Por ejemplo, un grupo compuesto por siete personas es considerado un grupo pequeño sin duda alguna, mientras que un grupo constituido por treinta personas es más probable que se considere como grande. Esta definición dependerá en última instancia de varios aspectos, como el tiempo que los y las integrantes del grupo pasen juntos entre sí, la interacción que se produzca entre todo el conjunto, el tipo de liderazgo que exista en ese grupo, etcétera.

Las dinámicas de grupo como técnicas que se emplean en grupos pequeños para evaluarlos pueden plantear determinados temas a debate o bien la posibilidad

Figura 2.6. Las dinámicas de grupos son actividades colectivas que tienen como objetivo promover la integración entre los y las integrantes de un equipo.

de debatir o resolver algún problema o conflicto de manera grupal, especificando siempre un tiempo determinado. A pesar de lo anterior, conviene aclarar que generalmente las dinámicas de grupo no tienen solución, ya que no es lo que se pretende evaluar.

Los objetivos de las dinámicas de grupo pueden ser variados, por ejemplo, evaluar las habilidades y actitudes de los y las integrantes del grupo, su interacción con otros miembros, la forma de interacción, etc. En este caso, conviene tener en cuenta la importancia de las dinámicas grupales para identificar lenguaje sexista o miembros de un grupo que mantengan posiciones en contra de las mujeres. Esto se evalúa a través de las actitudes que, ya desde un primer momento, se pueden observar en las personas, en la forma de relacionarse con los y las demás integrantes, en el lenguaje que transmiten y, sobre todo, en la manera en que lo hacen, etcétera.

Finalmente, se debe tener en cuenta que la **diversidad social** que puede existir en un grupo pequeño puede afectar a la propia dinámica y, más en concreto, a la posibilidad de que sus integrantes busquen establecer relaciones con personas que son ajenas al grupo.

Es posible diferenciar **varias modalidades** de dinámicas de grupo atendiendo a diferentes cuestiones, como, por ejemplo, las técnicas que se emplean, el número total de participantes, el objetivo que se desea conseguir con la dinámica grupal, etc. Algunas de las más habituales son el foro, la mesa redonda y el debate; el panel y el *brainstorming* o torbellino de ideas, las cuales se exponen a continuación:

1. **El foro, la mesa redonda y el debate:** estas pruebas son todas similares y consisten en la reunión de varias personas, quienes discutirán acerca de un tema ante más personas. Se trata de exponer un tema determinado desde

diferentes puntos de vista. Una persona coordinadora se encargará de presentar y abrir la discusión durante la cual las personas podrán cruzar opiniones.

Algunas de las actitudes que permiten valorar este tipo de técnicas están relacionadas con la capacidad de persuasión, la capacidad para sintetizar la información presentada, la forma de exposición y mantenimiento de la posición adoptada, la argumentación desarrollada con claridad y orden, etcétera.

2. **El panel**: a diferencia de las técnicas anteriores, en este caso no existe discusión sobre un tema, sino que cada una de las personas que integra el grupo expresa su opinión acerca del tema propuesto. En este caso, cada miembro puede ampliar la exposición de otro/a compañero/a de forma que la complete.

3. **El *brainstorming* o torbellino de ideas**: es quizá una de las técnicas más conocidas. El objetivo principal de esta técnica es fomentar la imaginación y el desarrollo de nuevas ideas.

   Esta modalidad suele relacionarse con un clima informal en el que cada miembro expone ideas libremente.

Es posible, dadas estas situaciones, que el grupo pueda modificar sus planteamientos generales si se tienen en cuenta como conjunto las opiniones individuales de cada una de las personas que lo componen. Pero lo que sucede con bastante frecuencia es que el propio miembro del grupo, así como su conducta, se transformen cuando se ve y se siente involucrado/a dentro de un grupo. Es así que una de las características principales de todos los grupos es la enorme capacidad que poseen para influir en los miembros que los componen.

Algunos de los principales efectos de la **influencia grupal** sobre la persona son:

• La mera presencia de otras personas eleva el nivel de motivación de aquella persona que está realizando una tarea.

• Los juicios de grupo son superiores a los juicios individuales en tareas que son evaluables e implican un error eventual.

• Los grupos suelen producir más y mejores soluciones de los problemas que las personas que trabajan aisladamente.

• Las decisiones tomadas después de una discusión de grupo suelen ser más arriesgadas que el promedio de las decisiones individuales anteriores a dicha discusión (fenómeno conocido como pensamiento de grupo o tendencia hacia el riesgo).

Dos conceptos relacionados con las dinámicas de grupo que se deben tener en consideración son: las **normas** y los **roles grupales**.

Siguiendo la definición aportada por Shaw (1979), «las normas son productos sociales que se forman en la interacción social que tiene lugar dentro de los grupos. Son reglas de conducta establecidas por los miembros del grupo con el objeto de mantener una coherencia de conducta… Las normas proporcionan una base para predecir la conducta de los demás y permitir así que el individuo prevea las acciones de los demás y prepare una respuesta adecuada. Estas reglas sirven también como guía para la conducta del miembro del grupo».

Un **rol** es *el conjunto de conductas que se espera de aquella persona que ocupa una posición concreta dentro de un grupo*. No se debe confundir este término con el de **estatus**, que es *la localización o la posición que ocupa una persona dentro de la estructura grupal*. El rol no implica ninguna valoración, como sucede en el caso del estatus.

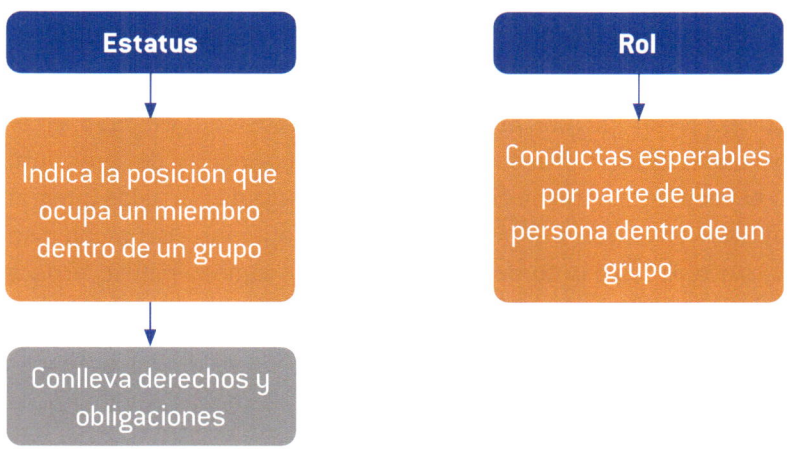

Figura 2.7. Las diferencias entre estatus y rol.

Con respecto al rol, se identifican cuatro tipos:

- **Rol prescrito:** hace referencia a las normas existentes en un grupo, entre las que se incluyen las expectativas de las personas.

- **Rol subjetivo:** hace referencia a la percepción y comprensión que tiene la persona de esas normas concretas.

- **Rol desempeñado:** se refiere a la adecuación de una conducta concreta a una norma manifiesta.

- **Rol funcional:** este tipo de rol está indicado especialmente al objetivo de alcanzar determinadas metas grupales.

El concepto de **norma** se encuentra muy relacionado con los anteriores términos, por ello es importante diferenciarlo. Las normas como *el sistema regulador* *tanto de grupos como de personas individualmente, y en cierta medida como la estructura del entorno social.* Las normas estipulan cómo deben funcionar las personas que ocupan un rol determinado. Según Cialdini y Trost (1998), son *las reglas y pautas que son comprendidas por los miembros de un grupo que guían o constriñen la conducta social sin el matiz coercitivo de la ley.*

Continuando con la influencia social, otro de los procesos que más ha sido estudiado es el de **conformismo**. En este caso, se mencionará la **conformidad a la mayoría**, aunque también existe la **conformidad a la autoridad**.

Se entiende por **conformidad** aquella situación en la que *el individuo modifica su comportamiento o actitud a fin de armonizarlos con el comportamiento o actitud de un grupo* (Levine y Pavelchak, 1985).

Primero fue Sherif en los años 30 y después Asch en los años 50, los dos autores mostraron el modo en el que las personas pueden sentirse influenciadas por las y los demás componentes del grupo al que pertenecen.

El psicólogo social Solomon Ash expuso sus conclusiones en 1955, en el artículo «Opinions and Social Pressure». Cuestionó la convicción de seres autónomos con un experimento a través del cual reveló que cuando los y las integrantes de un grupo se tienen que enfrentar a la opinión mayoritaria del grupo, tienden en no pocas ocasiones a la conformidad con esta mayoría, incluso aunque crean que su opinión es la adecuada.

En su primer estudio sobre este tema, Asch (1951) pidió a siete estudiantes que participaran en un experimento en el que tenían que decidir cuál de tres líneas era semejante en longitud a una línea estándar, de las que una sí era igual y las otras dos eran diferentes (una más corta y otra más larga).

Figura 2.8. Las tres líneas (A, B y C) que se presentaban a los participantes y la línea estándar (S).

A pesar de que la tarea era muy fácil, y que, de hecho, de 37 personas que formaban el grupo control ninguno se equivocó, en la situación experimental los errores fueron numerosos, pues las personas se dejaban influir por el grupo. En efecto, el experimento estaba diseñado para que las personas acudieran a la sesión experimental de cuatro en cuatro, de los que tres eran cómplices del experimentador y, por tanto, responderían lo que les dijera. Además, la única persona que no era cómplice contestaba siempre en cuarto lugar. Así pues, cuando se les preguntaba cuál de las tres líneas (A, B y C) era igual que la línea estándar (S), los tres primeros, que eran cómplices, respondían que la A (cuando realmente era la B). Pues bien, repetido este ejercicio con diferentes variantes, el 32 % se equivocaron casi siempre, sometiéndose a la opinión de la mayoría, mientras que el 75 % de los sujetos se equivocaron y se sometieron alguna vez.

Este experimento nos indica que incluso en tareas que son sencillas y de simple percepción visual, *la influencia del grupo sobre las personas individuales es muy alta*. Teniendo en cuenta que el grupo con el cual Asch realizó el experimento es muy pequeño, si se tiene en cuenta la vida real cuando un grupo psicosocial real presiona sobre alguno de sus miembros para que se someta a la opinión grupal mayoritaria, la influencia será mucho mayor aún que la observada en los experimentos de este autor.

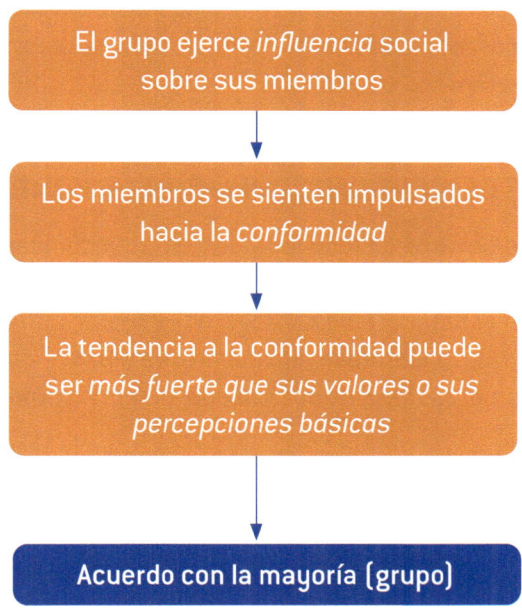

Figura 2.9. Proceso de conformidad a la mayoría.

Pero conviene saber que la conformidad no siempre se adopta de la misma manera, sino que varía según la convicción que la sostiene y puede revestir diferentes formas.

Kelman (1961) diferencia tres tipos de conformidad:

1. **La conformidad simulada:** también se conoce como mera sumisión externa, ya que consiste en la aceptación pública de un comportamiento o sistema de valores sin adherirse a ellos de forma privada.

2. **La identificación:** consiste en la influencia que sobre una persona ejerce alguien con quien esa misma persona se siente identificada o a quien desea parecerse.

3. **La interiorización:** es la forma de conformidad más sutil y la más duradera. La persona hace suyos tanto el sistema de valores como los actos hasta el punto de que ni siquiera percibe que ha sido objeto de influencia.

Pese a que Asch reconoce que la vida social requiere cierto consenso, insiste de igual manera en que esta es más productiva si cada persona individualmente aporta sus ideas. Siempre que se llega a un consenso en un grupo no debería ser según la conformidad, cuestionándose los miembros sus propios valores.

Finalmente, son muchas las conclusiones que se pueden extraer de este experimento de carácter social. Una de ellas es el poder de la influencia social (grupal) a la hora de modelar la conducta y también las creencias de las personas, y otra cómo la presión social puede conducir en la mayoría de las ocasiones a la conformidad de la persona, adoptando esta la opinión de la mayoría y yendo en contra de sus propias preferencias.

2.2. PROCESOS DE IDENTIDAD COMPARTIDA DE HOMBRES Y MUJERES

La identidad, así como otros factores influyentes y concomitantes, ha sido tradicionalmente objeto de estudio por diversos autores, desde Parménides, Platón o Aristóteles a Hume, Kant, Schelling, Hegel o Durkheim, entre otros. Hoy en día existe acuerdo en que la **identidad** es *aquello que permite que una persona se reconozca a sí misma, es decir, es aquello que la define como persona*.

Figura 2.10. La identidad personal es la identidad única de una persona a lo largo del tiempo.

Precisamente como personas, estas se encuentran en continuo proceso de cambio y transformación. Por un lado, los cambios físicos, los cuales son obvios y notables, pero aún más importantes, los cambios cognitivos que son fruto de la maduración con el paso de los años. Sin embargo, a pesar de que la persona siempre se encuentre en continuo un proceso de transformación, se puede afirmar que siempre hay algo que permanece inalterable, y es la convicción de que se sigue siendo la misma persona en todo momento y esto garantiza la estabilidad en las percepciones e interacción entre las personas.

La identidad se relaciona estrechamente con el termino de **autoconcepto,** o representación que posee la persona de sí misma, tiene una naturaleza multidimensional, en cuanto que la persona se autoevalúa en dominios particulares de su experiencia (físico, social, cognitivo, etc.). Por tanto, se trata de una construcción tanto cognitiva como social. La dimensión social del autoconcepto señala la influencia que tienen otras personas significativas en la conformación de los contenidos y valencia del autoconcepto, mientras que la influencia cognitiva define la estructura u organización que adoptan dichos contenidos.

Además, el proceso de formación de identidad es complejo y tarda en adquirirse, pues comienza en la infancia, cuando el niño o la niña poco a poco va comprendiendo la diferencia existente entre la idea del yo por un lado, y la de los demás por otro. La organización del autoconcepto va experimentando importantes cambios con el desarrollo, evolucionando desde una estructura en la que se diferencian los diversos dominios de experiencia, a una estructura en la que prima la integración y las abstracciones de nivel superior, y que otorga una mayor coherencia a la visión personal. Cuando se consolida la propia noción del yo, la persona empieza a comprender quién es y, además, se va diferenciando del resto.

Pero no todo consiste en constatar las diferencias, sino también las similitudes que identifican a las personas, es decir, la identidad también se adquiere conforme a la pertenencia a una familia o a un grupo social, por ejemplo. Este proceso es el mismo en hombres y mujeres, es un proceso compartido que no admite diferencias.

Como personas que conforman grupos, la identidad se forma de la misma manera en todas las personas, aunque el contexto cultural y social en el que se desarrolla la infancia y el género de las niñas y los niños son algunas de las variables fundamentales que influyen en los patrones emocionales y comportamentales de las personas en un futuro.

Según el psicólogo ruso Lev Vygotsky (1896-1934), las habilidades necesarias para razonar, entender y recordar derivan de las experiencias de niño o de niña con sus padres y madres, maestros y maestras e iguales. Este autor entendía el desarrollo como un proceso de tres niveles concretos y diferenciados: cultural, interpersonal e individual. Finalmente, decidió centrarse en los primeros procesos debido a que consideraba las experiencias sociales como las más formativas: *nos convertimos en nosotros a través de los otros*.

Tal como se indicaba, en todo este proceso de formación de los grupos hay algo que no se debe olvidar: la **identidad personal**, la cual se extrae de la **identidad social y grupal,** de ahí la importancia que el grupo tiene para la propia persona.

Ya en los años 50 y 60, fueron los estudios de Sherif los que introdujeron la noción de identidad social, así como otros tales como cohesión grupal, solidaridad grupal, clima de grupo, etc. El paradigma de Sherif se basó en el **efecto autocinético** (percibir el movimiento de un punto luminoso inmóvil en la oscuridad). Al poner juntas a varias personas, cada una con su propia norma individual (percepción a solas del punto luminoso), se observó un efecto de convergencia. Ante una situación de ambigüedad perceptiva, la persona observaba las respuestas de las demás y se establecía una especie de consenso entre las observaciones, lo cual constituía una norma grupal. Posteriormente, cuando las personas hacían estimaciones individuales, mantenían la norma que había sido elaborada en el grupo (interiorización de la **norma grupal**).

La línea de investigación introducida por Sherif, autor que demostró que la interacción dentro de los grupos tiende a crear normas y que dichas normas influyen posteriormente sobre las personas, fue seguida por Tajfel y Turner, quienes formularon una primera teoría denominada la **teoría del conflicto intergrupal**. Estos autores plantean con esta teoría que la conducta social discurre entre dos extremos de un *continuum*: las relaciones interpersonales y las relaciones intergrupales. En palabras de los autores (Tajfel y Turner, 1979): *un conflicto intergrupal de gran intensidad llevará a que los miembros de grupos opuestos actúen más en función de características determinadas por la pertenencia a sus respectivos grupos, que en función de características individuales o interindividuales.* Esta premisa constituye la base de la **teoría de la identidad social (TIS)** de Tajfel.

La teoría de la identidad social parte del supuesto de que todas las personas tratan de alcanzar y mantener una identidad social que sea positiva, es decir, formada por aspectos del autoconcepto que proceden de las categorías sociales o grupos a las que pertenece.

Algunos de los conceptos clave de la teoría de la identidad social (TIS) aplicada a las relaciones grupales son el concepto de **movilidad** y el concepto de **cambio social.**

El primer concepto hace referencia a que en una determinada sociedad predominan las creencias de **movilidad social** cuando las personas están convencidas de que es posible cambiar de grupo o categoría social con cierta facilidad cuando su grupo de origen no logra satisfacer su necesidad de una identidad social positiva.

Por otro lado, predominan las creencias de **cambio social** cuando las personas perciben que el abandono, de forma individual, de su grupo de pertenencia es casi imposible. En este caso, cuando una persona no puede abandonar su grupo de origen, puede adoptar dos estrategias para salvaguardar su identidad social positiva: **la creatividad social y la competición social.**

Mediante la creatividad social, la persona puede buscar una dimensión de comparación nueva que le permita salir favorecida con respecto al exogrupo (por ejemplo, pensar —erróneamente— que las personas afroamericanas son mejores que las personas blancas en el deporte). La *competición social* se produce cuando las personas integrantes de un grupo deciden buscar su distintividad positiva tratando de superar al exogrupo en aquella dimensión en la que eran inferiores (por ejemplo, las mujeres tratando de ser más competentes que los hombres).

Tajfel afirma que todas las personas disponen de dos identidades, por un lado, la **identidad personal** (incluye las características personales) y, por otro, la **identidad social** (procede de nuestra pertenencia a los grupos). La identidad social conlleva un significado de carácter evaluativo y afectivo asociado a la pertenencia que el miembro tiene con un grupo, por ejemplo, es el caso de ser mujer, de ser psicólogo, de ser español, etcétera.

Desde la teoría de la **categorización** se consideran a sí mismas, según las circunstancias, como integrantes de un grupo.

Conviene tener muy en cuenta que cuando las personas se categorizan como integrantes de un grupo se producen varios efectos importantes:

1. Se tiende a percibir a quienes integran el mismo grupo como personas parecidas a uno/a mismo/a y entre sí (**semejanza endogrupal**), aunque en menor medida que a quienes integran el exogrupo (**homogeneidad exogrupal**).

2. Se incrementan las diferencias con otros grupos (diferenciación exogrupal). Se produce **favoritismo endogrupal,** que consiste en *tener una actitud más positiva hacia quienes integran el propio grupo que hacia quienes integran el exogrupo*.

3. Categorizarse como integrantes de un grupo implica percibir el mundo en términos grupales. Las personas que componen el endogrupo ya no son vistas como individuos, sino como integrantes del grupo, y serían en este sentido intercambiables.

Es decir, la mera categorización entre un ellos/as y un nosotros/as produce conflicto, discriminación y hasta hostilidad intergrupal. La forma de reducir e incluso eliminar tales efectos negativos de la categorización y de la mera existencia de grupos diferentes consiste en la propuesta a los grupos de **metas compartidas**, de metas que exijan cooperación entre las personas integrantes.

Los grupos de apoyo son un claro ejemplo de la manifestación de redes comunitarias que enlazan retos compartidos, con hombres y mujeres indistintamente, los cuales, por ejemplo, pueden influir en estados de ánimo saludables y un menor aislamiento social.

Las teorías de la identidad social y la categorización social se centran en la definición de *lo que somos* por parte de quienes integran un grupo sobre la base del hecho de que *nosotros pertenecemos a un grupo*. En este proceso, las personas que integran un grupo se perciben como miembros del mismo, se identifican como tal y establecen la diferenciación entre su propio grupo y otros grupos. Este proceso primario de naturaleza cognitivo-emocional moldea la identidad social de las personas (Bar-Tal, 1996).

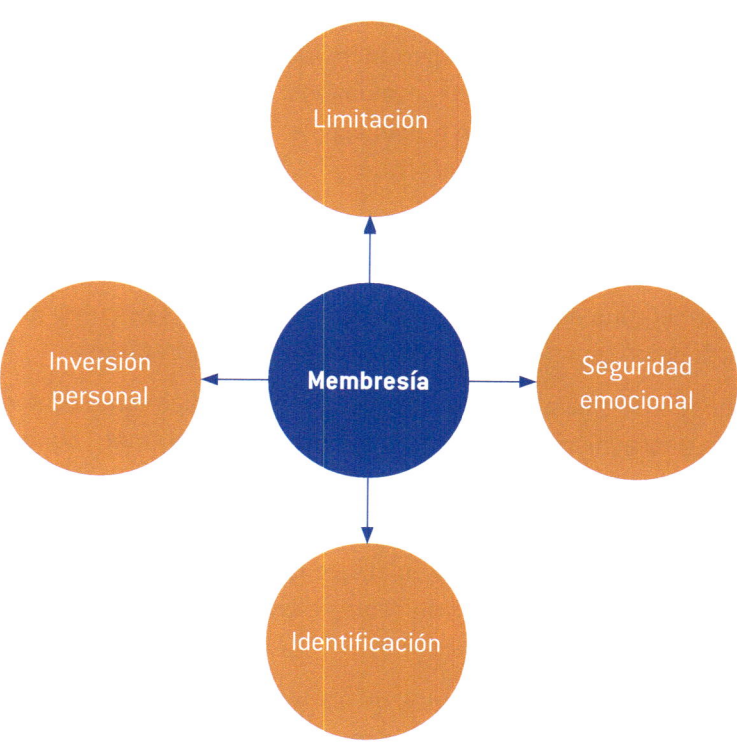

Figura 2.11. Componentes de la membresía.

El **sentido de pertenencia** a un grupo se relaciona con el concepto de **membresía**. La membresía significa que *la persona se siente integrada en el grupo y se siente parte del mismo*. Si se pretende formar un grupo cohesionado, es fundamental favorecer un clima donde la membresía se encuentre presente.

La membresía está formada por los componentes de: **limitación** (seguridad para expresar sentimientos y satisfacer necesidades), **seguridad emocional**, **identificación** (la persona se siente parte del grupo y está dentro del mismo) y, finalmente, **inversión de carácter personal** (la persona desea ser aceptada en el grupo, por lo que invierte todos los esfuerzos personales en ello).

Tanto hombres como mujeres pertenecen a la colectividad de una sociedad en la que se encuentran inmersos. Sin embargo, es finalmente el **género** el que marca la diferencia entre ambos. Los **estereotipos de género** hacen referencia a aquellas características personales que identifican a las mujeres y a los hombres como grupos diferenciados entre sí. Dicho de otro modo, consiste en la generalización que se realiza sobre una persona por el mero hecho de ser hombre o mujer.

Será a través de un proceso de socialización que las personas lleguen a identificar el género con pautas de la personalidad (*identidad de género*) o con determinados comportamientos (*rol de género*).

2.3. MODELOS DE REFERENCIA ATENDIENDO A LOS ROLES Y ESTEREOTIPOS DE GÉNERO Y OTRAS VARIABLES SOCIODEMOGRÁFICAS

Hoy en día, no es infrecuente la confusión entre los términos y conceptos como prejuicio, estereotipo, discriminación, racismo o sexismo. Es por ello que, antes de continuar con el desarrollo del contenido, conviene hacer una breve diferenciación de estos términos con el objetivo de aclararlos de modo que su utilización sea correcta y no dé lugar a confusiones.

En primer lugar, la utilización de la palabra **xenofobia** es más correcta que la utilización del término racismo, ya que raza solo existe una, la raza humana. La xenofobia se define como *el rechazo de aquella persona que es diferente*, ya sea por su color de piel, por sus creencias, etcétera.

Respecto a los términos **prejuicio** y **estereotipo**, el primero hace referencia a *actitudes negativas* hacia ciertos grupos o colectivos humanos, mientras que el estereotipo hace referencia a un conjunto de *creencias* compartidas por un número de personas acerca de los atributos personales que poseen las personas

Figura 2.12. Para educar a las hijas e hijos lejos de los prejuicios y estereotipos se debe tener siempre una actitud de observación y escucha.

de un grupo, como, por ejemplo, las mujeres o los catalanes. Según Leyens y Codol (1990), los estereotipos son *las teorías implícitas de personalidad que un grupo de personas comparte sobre su propio grupo o sobre otro grupo*. Conviene aclarar que mientras que el **prejuicio** es una *actitud* negativa, la **discriminación** se refiere a una *conducta* negativa hacia una persona o un grupo.

En el esquema que se presenta a continuación se puede ver con claridad las diferencias entre estos tres términos:

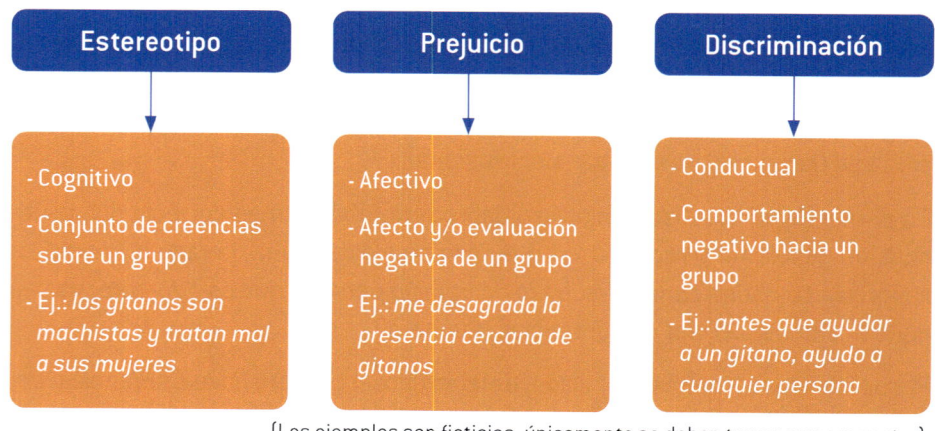

Estereotipo	Prejuicio	Discriminación
- Cognitivo	- Afectivo	- Conductual
- Conjunto de creencias sobre un grupo	- Afecto y/o evaluación negativa de un grupo	- Comportamiento negativo hacia un grupo
- Ej.: *los gitanos son machistas y tratan mal a sus mujeres*	- Ej.: *me desagrada la presencia cercana de gitanos*	- Ej.: *antes que ayudar a un gitano, ayudo a cualquier persona*

(Los ejemplos son ficticios, únicamente se deben tomar como muestra).

Figura 2.13. Diferencias entre estereotipo, prejuicio y discriminación.

Por último, se hace referencia al **sexismo** como *cualquier actitud, acción o estructura institucional que subordina a una persona a causa de su sexo* (Brigham, 1986). Se trata de una ideología más bien de carácter inconsciente que se aprende a lo largo de todo el proceso de socialización. Por ejemplo, sucede con el lenguaje que en muchas ocasiones refleja profundamente un sexismo obvio.

Una variante del sexismo es el llamado **sexismo institucionalizado,** aquel que se produce a través de las instituciones, como su propio nombre indica. Es el caso, por ejemplo, de las mujeres que ocupan empleos de menor cualificación profesional y a las que se ofrecen, además, peores salarios.

A partir de lo anterior, es cierto que hoy en día la ideología dominante es la masculina y es ampliamente compartida por la mayoría de los sectores (directa o indirectamente), incluyendo además a las propias mujeres. Pero lo cierto es que poco a poco esto ha ido cambiando y la notoriedad de las mujeres en todos los sectores ha ido aumentando considerablemente.

Ha sido a partir de los años 60, debido a la intervención de factores políticos, tecnológicos, económicos y sociológicos, cuando han empezado a producirse profundos cambios, tanto en la situación de la mujer como en su estatus.

¿A qué ha podido deberse esta dominancia masculina? Son varios los aspectos que considerar, por ejemplo, una razón de carácter biológico y el hecho de que sean las mujeres quienes se queden embarazadas o las diferencias existentes respecto a la fortaleza muscular de hombres y mujeres.

Lo cierto es que en la sociedad siempre ha existido una tendencia muy arraigada a dividir el mundo en dos grandes *categorías*: **la categoría masculina** y **la categoría femenina.**

Desde la infancia se crece en un mundo que se basa en este tipo de categorizaciones y en un trato diferencial basándose en el sexo, por ejemplo, el asociar el color rosa con las niñas y el color azul con los niños, o el hecho de considerar que las niñas deben jugar con muñecas mientras que los niños deben hacerlo con coches.

La familia, la escuela y los medios de comunicación son las tres principales instancias ambientales que influyen en la **socialización sexual**. Así se va formando la **identidad de género,** *aquella parte del autoconcepto que implica la diferenciación de las personas como hombres o como mujeres y se desarrolla alrededor de los dos años de edad*.

Según todo esto, las personas que integran una sociedad se comportan de una u otra manera según su género, pero no todas las sociedades comparten el mismo concepto respecto a mismas actitudes, y esto es algo que siempre se debe tener muy presente. El concepto de identidad de género hace referencia a los roles sexuales.

Un **rol sexual** se define como *un conjunto de conductas y actitudes que una sociedad concreta establece o define como apropiados para un sexo, y en consecuencia, no para el otro*. Este tipo de creencias que cada sociedad tiene acerca de lo que es propio de un sexo y de otro se denomina **estereotipos de género**. Estos van cambiando con el tiempo y hacen referencia a las características personales de las mujeres y de los hombres como grupos diferenciados. Cumplen la función de mecanismo de control que determina lo que es *normal* en la sociedad, es decir, aquello que es aceptable y lo que se desvía de la norma.

Echando la vista atrás, nos encontramos con un ejemplo de estereotipo de género prototípico al que conviene hacer referencia: el **estereotipo de una buena esposa**. En generaciones anteriores a la actual se enseñaba *cómo ser una buena esposa*, lo cual consistía en una serie de actitudes y comportamientos como tener la cena a punto para cuando el marido llegase al hogar, arreglar el desorden y limpiar la casa, sonreír y mostrar atención cuando el marido hiciese acto de presencia, no hacer preguntas inconvenientes ya que es el señor de la casa, etcétera.

En los estereotipos de género se diferencian **dos tipos de dimensiones:** la **dimensión descriptiva,** es decir, aquellas características que se consideran esperables de hombres y de mujeres; y la **dimensión prescriptiva,** aquella que hace referencia al comportamiento esperable por parte de hombres y de mujeres.

El aumento del número de mujeres en el ámbito laboral, así como el aumento del nivel cultural de la población son dos ejemplos de por qué los estereotipos de género van variando con el paso del tiempo y no permanecen estables.

Hoy en día, también es evidente el cambio en la sociedad en lo que a esto respecta: ya no se acepta de forma rotunda la desigual distribución de roles y los agentes socializadores (por ejemplo, padres, madres y personal educador) no tratan de forma distinta a hombres y mujeres, es así que de esta forma no se fomenta un rol considerado como típico de hombres o bien de mujeres.

A propósito, Williams y Best (1990) hacen una distinción entre estereotipos de género de rol y estereotipos de género de rasgo.

- **Estereotipos de género de rol:** aquellos que se refieren a creencias relacionada con la adecuación general de roles de hombres y mujeres.

- **Estereotipos de género de rasgo:** aquellos que se componen de características de carácter psicológico o conductuales que se atribuyen a hombres o mujeres.

Es necesario aclarar que el principal factor etiológico de los estereotipos sexuales son los **roles sociales**. Es el caso, por ejemplo, de los roles relacionados con el trabajo doméstico, los cuales se consideran de bajo estatus, mientras que los empleos profesionales se consideran de más alto estatus. Esto influye en la imagen que se proyecta de hombres y mujeres, ya que es algo extendido que la mujer se ocupe de las tareas domésticas y el hombre se encargue del sostén económico de la familia. Hoy en día esto es más habitual en zonas rurales que en zonas urbanas.

Finalmente, a pesar de los grandes avances en lo referente a temas relacionados con el sexismo y los estereotipos de género, antiguas actitudes sexistas también se han adaptado a los nuevos tiempos adquiriendo nuevas formas de expresión. La **teoría del sexismo ambivalente** hace referencia a esto mismo, a la coexistencia de nuevas y viejas formas de sexismo.

Según esta teoría, **el sexismo puede ser hostil pero también benévolo**. El sexismo de carácter hostil hace referencia a la supuesta inferioridad de las mujeres como grupo; mientras que el sexismo benevolente hace referencia al deseo por parte de los hombres de cuidar y proteger a las mujeres, situándolas en un pedestal. A pesar de las evaluaciones positivas que genera el sexismo benevolente, favorece la continuación de un sistema sexista y categoriza a las mujeres de modo que estas mismas aceptan los actos sexistas. Cualquiera de las dos formas es perjudicial, pues ambos tipos favorecen la desigualdad de género.

2.4. CUESTIONAMIENTO Y TRANSFORMACIÓN DEL ORDEN DE GÉNERO VIGENTE POR PARTE DE LOS GRUPOS. LIDERAZGOS EN EL SENO DE UN GRUPO

Se entiende por **grupo social** un conjunto de *dos o más personas, cada una de las cuales con una identidad reconocida por el resto, y que mantiene algún tipo de vínculo o relación entre sí*. Todas las personas que forman un grupo social son conscientes de su propia individualidad, pero se reconocen y se sienten como personas integrantes de ese grupo.

Se diferencian **dos tipos de grupos sociales**:

1. **Grupo primario**: es un grupo social pequeño, sus integrantes mantienen una relación personal y duradera entre sí, es decir, los miembros comparten lazos afectivos o personales. Las personas integrantes de los grupos primarios están orientadas respecto a *otras personas del grupo* y se definen según *quiénes son*.

2. **Grupo secundario:** es un grupo social grande, cuyos integrantes persiguen un interés común. Quienes componen los grupos secundarios están orientados hacia unos determinados objetivos y se definen según lo que son (lo que pueden o deben hacer).

En las zonas rurales y pequeñas ciudades los grupos primarios se desenvuelven con mayor intensidad (la familia, el grupo de amigos, etc.), al contrario de lo que sucede en los núcleos urbanos, donde los grupos secundarios adquieren mayor relevancia (compañeros de trabajo, asociaciones políticas, etcétera).

Para explicar cómo funcionan los grupos, se debe acudir a una dimensión sumamente importante en el seno de los grupos: **el liderazgo**.

Figura 2.14. El liderazgo es la habilidad de ofrecer dirección y guía a un grupo de personas y de alentar la cooperación entre quienes integran un equipo para alcanzar un objetivo.

Se define el liderazgo como un *proceso que consiste en orientar y dirigir determinadas actividades, así como la habilidad para influir en un grupo y que de esta forma se alcancen las metas propuestas*.

Según Hollander (1971), un **líder** es *una persona cuyas características le permiten ejercer una influencia concorde con la consecución de metas grupales*. Todos los líderes comparten ciertos aspectos, siendo algunos de ellos: el poder del que disponen dada su posición, el nivel de influencia que ejercen, el número de seguidores que tienen (pues no hay líderes donde no hay seguidores), etcétera.

Figura 2.15. El liderazgo como proceso y como habilidad.

Además de lo anterior, un o una buena líder debe disponer de competencias emocionales adecuadas, es decir, despertar confianza en los demás, establecer un adecuado *rapport* (saber escuchar, persuadir y aconsejar), etcétera.

Es adecuado, entre otras muchas cosas, porque permite el establecimiento de vínculos y la forja de relaciones duraderas. Un desapego emocional implica siempre una toma de distancia tanto de las personas como de las circunstancias que la rodean, y esta falta de compromiso emocional nunca es buena.

Se diferencian dos tipos de liderazgo que podemos aplicar específicamente a los grupos primarios o cuyo número de integrantes es más reducido. Estos son:

- **Liderazgo instrumental:** es el que se ejerce teniendo en cuenta unos objetivos concretos que previamente han sido establecidos. Los líderes que pertenecen a esta categoría establecen relaciones de tipo formal y de carácter profesional con el resto de las personas integrantes.

- **Liderazgo expresivo:** es el que se ejerce teniendo en cuenta el bienestar del colectivo. Los y las líderes que pertenecen a esta categoría establecen relaciones más personales con las personas integrantes del grupo y se esfuerzan por mantener a todo el equipo unido.

Tradicionalmente, en las familias europeas se ha identificado el liderazgo instrumental con los hombres, por ejemplo, se espera de ellos que tomen decisiones importantes, y a las mujeres con el liderazgo expresivo, pues a ellas se las ha relacionado con los esfuerzos para mantener a toda la familia unida y libre de conflictos de carácter interpersonal. Estos dos tipos de liderazgo en la familia podrían dar explicación a las relaciones que los hijos y las hijas desarrollan con sus progenitores, pues con sus padres suelen mostrarse más respetuosos y distantes mientras que con las madres suelen mantener relaciones más afectivas y basadas en la cercanía. Según esto, actuarán en el futuro tomando estas actuaciones como base de referencia para su futura forma de actuar y comportarse tal como sus progenitores lo hacían.

A pesar de todo lo anterior, los importantes avances en la igualdad de género están haciendo que esta visión acerca de los roles y los estilos de liderazgo dentro del ambiente familiar poco a poco se esté quedando obsoleta, de manera que hoy en día padre y madre ejercen los dos tipos de liderazgo indistintamente.

Ahora bien, si se tienen en cuenta los grupos secundarios, se pueden distinguir tres tipos de liderazgo:

- **Liderazgo autoritario:** se trata de un tipo de liderazgo que está orientado a la resolución de problemas, pues este tipo de líder asume la toma de decisiones y el grupo cumple con las tareas asignadas sin cuestionarlas.

- **Liderazgo democrático:** este tipo de líder, a diferencia del anterior, intenta implicar al grupo en la toma de decisiones.

- **Estilo *laissez-faire*:** este tipo de líder permite que el grupo se autorregule por sí mismo.

Para finalizar este punto, se presenta el discurso de un gran líder:

Discurso durante la Marcha a Washington por Trabajos y por la Libertad (28 de agosto de 1963, Washington, D. C.) por Martin Luther King.

Figura 2.16. El final de nuestras vidas comienza el día en que nos volvemos silenciosos sobre las cosas que importan. Frase de Martin Luther King.

Uno de los mejores discursos de toda la historia y que hace referencia a importantes conceptos que se han visto hasta este momento, como, por ejemplo, la discriminación y los prejuicios, es el siguiente:

Estoy orgulloso de reunirme con ustedes hoy día en esta que será, en la historia, la más grande demostración para la libertad en la historia de nuestro país.

Hace cien años, un gran americano, en cuya simbólica sombra estamos hoy parados, firmó la Proclamación de la Emancipación. Este trascendental decreto vino como un gran rayo de luz de esperanza para millones de esclavos negros, chamuscados en las llamas de una marchita injusticia. Vino como un lindo amanecer al final de una larga noche de cautiverio. Pero cien años después, el negro aún no es libre; cien años después, la vida del negro aún está tristemente lisiada por las esposas de la segregación y las cadenas de la discriminación; cien años después, el negro vive en una isla solitaria en medio de un inmenso océano de prosperidad material; cien años después, el negro todavía languidece en las esquinas de la sociedad americana y se encuentra desterrado en su propia tierra.

Entonces hemos venido hoy día aquí a dramatizar una condición vergonzosa. En un sentido hemos venido a la capital de nuestro país a cobrar un cheque. Cuando los arquitectos de nuestra república escribieron las magníficas palabras de la Constitución y la Declaración de Independencia, ellos firmaban un pagaré del cual cada americano sería el heredero. Este pagaré era la promesa que todo hombre, sí, el hombre negro y el hombre blanco, tendrían garantizados los derechos inalienables de vida, libertad, y búsqueda de la felicidad.

*Es obvio hoy día que América ha incumplido este pagaré en lo que concierne a sus ciudadanos de color. En lugar de honrar esta sagrada obligación, América ha dado a la gente negra un cheque malo; un cheque que ha regresado con el sello «fondos insuficientes». Pero rehusamos creer que el Banco de Justicia está quebrado. Rehusamos creer que no haya suficientes fondos en las grandes bóvedas de oportunidad de este País. Y entonces hemos venido a cobrar este cheque, el cheque que nos dará sobre manera **la riqueza de libertad y la seguridad de justicia.***

También hemos venido a este sagrado lugar para recordar a América la urgencia impetuosa de ahora. Este no es el momento de tener el lujo de enfriarse o tomar tranquilizantes de gradualismo. Ahora es el momento de hacer realidad las promesas de Democracia; ahora es el momento de salir del obscuro y desolado valle de la segregación al camino alumbrado de la justicia racial; ahora es el momento de sacar nuestro país de las arenas movedizas de la injusticia racial, a la piedra sólida de la hermandad; ahora es el momento de hacer de la justicia una realidad para todos los hijos de Dios. Sería fatal para la nación pasar por alto la urgencia del momento. Este verano ardiente por el legítimo descontento del Negro, no pasará hasta que no haya un otoño vigoroso de libertad e igualdad.

1963 no es el fin, si no el principio. *Y los que pensaban que el negro necesitaba desahogarse para sentirse contento, tendrán un rudo despertar si el país regresa al mismo oficio. No habrá ni descanso ni tranquilidad en América hasta que al negro se le garantice sus derechos de ciudadanía. Los remolinos de la rebelión continuarán a sacudir las bases de nuestra nación hasta que surja el esplendoroso día de la justicia. Pero hay algo que yo debo decir a mi gente, los cuales están parados en el umbral gastado que conduce al palacio de la justicia.*

En el proceso de ganar el lugar que nos corresponde, no debemos ser culpables de hechos censurables. No busquemos satisfacer nuestra sed de libertad con tomar de la taza de la amargura y del odio. Siempre tendremos que conducir nuestra lucha en el plano alto de la dignidad y disciplina. No podemos permitir que nuestras protestas creativas degeneren en violencia física. Una y otra vez debemos elevarnos a las majestuosas alturas del encuentro de la fuerza física con la fuerza del alma.

La maravillosa nueva militancia, la cual ha envuelto a la comunidad negra, **no debería llevarnos a desconfiar de toda la gente blanca; porque varios de nuestros hermanos blancos, como se ve hoy día por su presencia aquí, han venido a darse cuenta que su destino está amarrado con nuestro destino. Y ellos han llegado a darse cuenta que su libertad esta inseparablemente unida a nuestra libertad. No podemos caminar solos. Y al caminar, debemos hacer la promesa que siempre marcharemos adelante. No podemos volver atrás.**

Hay aquellos que están preguntando a los devotos de los Derechos Civiles, ¿Cuándo estarán satisfechos? Nunca podremos estar satisfechos mientras que el negro sea víctima de horrores indescriptibles de brutalidad policial; nunca podremos estar satisfechos mientras que nuestros cuerpos, pesados por la fatiga de viajar, no podemos alojarnos en los moteles de las carreteras y en los hoteles de las ciudades; no podremos estar satisfechos mientras que la movilidad básica del Negro es de un barrio pequeño a uno más grande; **nunca podremos estar satisfechos mientras que nuestros hijos están despojados de su personalidad y robados de su dignidad por un letrero escrito «Solo Para Blancos»,** *no podremos estar satisfechos mientras que el negro de Misisipi no pueda votar y el negro de Nueva York crea que no tiene nadie por quien votar. ¡No! No, no estamos satisfechos, y no estaremos satisfechos hasta «que la justicia corra como el agua y las virtudes como una fuerte quebrada».*

Yo no desconozco que algunos de ustedes han venido hasta aquí con grandes esfuerzos y tribulaciones. Algunos de ustedes han llegado recién de unas angostas celdas. Algunos de ustedes han venido de áreas donde su búsqueda de libertad los ha dejado golpeados por la tormenta de persecución y derrumbados por los vientos de la brutalidad policíaca. Ustedes han sido los veteranos de sufrimiento creativo. Continúen trabajando con la fe de que el sufrimiento no merecido es redentorio. Regresen a Misisipi; Regresen a Alabama; Regresen a Carolina del Sur; Regresen a Georgia; Regresen a Luisiana; Regresen a los barrios bajos y a los guetos de nuestras ciudades norteñas, sabiendo que de alguna manera esta situación podrá y será cambiada. No nos revolquemos en el valle de la desesperación.

Entonces les digo a ustedes, mis amigos, que aunque nosotros enfrentemos las dificultades de hoy y de mañana, aún yo tengo un sueño. Es un sueño profundamente arraigado en el sueño americano, que un día esta nación surgirá y vivirá verdaderamente de su credo, «nosotros mantenemos estos derechos patentes, que todo hombre es creado igual». Yo tengo un sueño que ese día en las tierras rojas de Georgia, hijos de esclavos anteriores e hijos de dueños de esclavos anteriores se podrán sentar juntos a la mesa de la hermandad. Yo tengo un sueño que un día aún el estado de Misisipi, un estado ardiente por el calor de justicia, ardiente por el calor de la opresión, será transformado en un oasis de libertad y justicia. Yo tengo un sueño que mis cuatro pequeños hijos algún día vivirán en una nación donde no serán juzgados por el color de la piel, sino por el contenido de sus caracteres.

¡Hoy yo tengo un sueño!

Yo tengo un sueño que un día en Alabama, con sus racistas viciosos, con su Gobernador con sus labios goteando palabras de interposición y nulificación, un día allí en Alabama los pequeños negros, niños y niñas, podrán unir las manos con pequeños blancos, niños y niñas, como hermanos y hermanas.

¡Hoy yo tengo un sueño!

Yo tengo un sueño que algún día cada valle será elevado, y cada colina y montaña serán hechas llanas. Los lugares más ásperos serán aplanados y los lugares torcidos serán hechos rectos, y la gloria de Dios será revelada y todo género humano se verá junto. Esta es nuestra esperanza.

Esta es la fe con la cual yo regreso al sur. Con esta fe podremos labrar de la montaña de la desesperación, una piedra de esperanza. Con esta fe podremos transformar el sonido discordante de nuestra nación en una hermosa sinfonía de hermandad. Con esta fe podremos trabajar juntos, rezar juntos, luchar juntos, ir a la cárcel juntos, pararse juntos por la libertad, sabiendo que algún día seremos libres, y este es el día. Este será el día cuando todos los hijos de Dios podrán cantar con nuevos sentidos «Mi país es de ti, dulce tierra de libertad a ti yo canto. Tierra donde mi padre murió, tierra del orgullo de los peregrinos, de cada lado de la montaña, dejemos resonar la libertad». Y si América va a ser una grande nación, esto tendrá que hacerse realidad.

Entonces dejen resonar la libertad desde la cima de los montes prodigiosos de Nuevo Hampshire; dejen resonar la libertad desde las poderosas montañas de Nueva York; dejen resonar la libertad desde las alturas de las Alleghenies de Pensilvania; dejen resonar la libertad desde las rocas cubiertas de nieve de Colorado; dejen resonar la libertad desde las curvosas cuestas de California. Pero no solo esto. Dejen resonar la libertad de la montaña de Piedra de Georgia; dejen resonar la libertad desde la montaña Lookout de Tennessee; dejen resonar la libertad desde cada colina y montaña de Misisipi. «De cada lado de montaña dejen resonar la libertad». Y cuando esto pase, y cuando dejemos resonar la libertad, cuando la dejemos resonar de cada aldea y cada caserío, de cada estado y cada ciudad, podemos apurar el día en que todos los hijos de Dios, hombre negro y hombre blanco, judíos y cristianos, protestantes y católicos, podemos unir nuestras manos y cantar en las palabras del viejo espiritual negro:

«Libre al Fin, Libre al Fin; Gracias Dios Omnipotente, somos libres al fin».

2.5. PROCESOS DE LOCALIZACIÓN Y GESTIÓN DE CONFLICTOS GRUPALES ASOCIADOS A LAS RELACIONES DE GÉNERO

La aparición de conflictos en el seno de los grupos no es algo infrecuente. En no pocas ocasiones incluso se puede afirmar que favorecen al desarrollo y crecimiento del grupo. Sin embargo, en otras ocasiones no solo perjudican considerablemente al grupo, sino que además amenazan gravemente a su continuidad si no son resueltos con prontitud y destreza. Localizar y gestionar los conflictos no es una tarea fácil, pero si se afrontan de manera adecuada fomentando y

Figura 2.17. El conflicto grupal se refiere a las discrepancias, tensiones o desacuerdos que surgen dentro de un grupo de personas que trabajan juntas hacia un objetivo común.

favoreciendo actitudes contrarias a aquellas que son generadoras de conflictos grupales, es posible alcanzar una estabilidad y un crecimiento que favorezcan el desarrollo de metas conjuntas.

Términos como la **conducta prosocial**, la **conducta de ayuda**, el **altruismo** y la **cooperación** se relacionan con características claramente positivas y opuestas a aquellas relacionadas con conflicto. Son este tipo de conductas las cuales conviene fomentar y desarrollar en el entorno grupal.

Figura 2.18. Actitudes que fomentan y favorecen un ambiente positivo.

A continuación se presenta cada una de ellas más detenidamente:

- **Conducta prosocial:** la conducta prosocial hace referencia a todos aquellos comportamientos que benefician a todo el grupo de personas en general. Por ejemplo, la conducta de reciclar la basura en contenedores separados.

- **Conducta de ayuda:** es un término mucho más específico. Se refiere a acciones que benefician o mejoran el bienestar de otra u otras personas. Por ejemplo, una conducta de ayuda es aquella en la que un joven ayuda a una persona mayor a llevar una pesada compra hasta la entrada del portal donde vive.

- **Altruismo:** es una palabra que fue introducida por Comté, como palabra opuesta al egoísmo. Se define como la atención que se presta a los demás de manera desinteresada, es decir, sin esperar nada a cambio.

- **Cooperación:** incluye a dos o más personas que trabajan juntas por un objetivo en común y que además beneficia a todos por igual. Es una característica clave para el *trabajo en equipo*.

A diferencia de los anteriores conceptos, los **prejuicios** provocan consecuencias negativas sobre las personas, pero también sobre los grupos, por ello conviene favorecer la cooperación, la conducta de ayuda, la conducta prosocial y el altruismo entre las personas, pues todas ellas favorecen el trabajo en equipo para la consecución de objetivos compartidos.

Figura 2.19. Una sociedad justa e igualitaria comienza por detectar y erradicar los prejuicios y estereotipos.

El concepto **amenaza del estereotipo** surge a partir del trabajo de Steele y Aronson en 1995 cuando estos autores analizaban el rendimiento académico de estudiantes afroamericanos en Estados Unidos. Estos autores partían de la hipótesis de que cuando estos estudiantes realizan una tarea académica son conscientes del estereotipo existente en la sociedad hacia ellos y ellas, es decir, quien mantiene que las personas afroamericanas están menos cualificadas que las personas blancas. Estos y estas estudiantes que son conscientes de este estereotipo acaba interfiriendo con el rendimiento y además lo empeora.

Desde entonces, numerosos estudios han demostrado que cuando las personas deben realizar determinadas tareas complicadas en un área en la que su grupo es considerado como poco competente, el temor a confirmar el estereotipo negativo provoca que el rendimiento disminuya. Este concepto de **amenaza del estereotipo** es claramente aplicable a numerosos grupos sociales acerca de los cuales existen estereotipos negativos como, por ejemplo, es el caso de las mujeres.

Además de los prejuicios, otro término que tener muy en cuenta es el de la **diversidad social** dentro de los grupos sociales, pues en muchas ocasiones puede generar también conflictos grupales.

Peter Blau describió cuatro maneras en las que la composición de un grupo puede afectar a las asociaciones que se producen en los grupos:

1. **Grandes grupos que se segmentan interiormente:** es decir, cuanto más numeroso es un grupo social, es más probable que exista mayor heterogeneidad. Un grupo grande y heterogéneo es considerado más estable, pero si el grupo crece demasiado, es posible que se segmente.

2. **Grupos heterogéneos que se dispersan:** cuando un grupo es pequeño y heterogéneo, lo más probable es que quienes integran ese grupo interactúen con integrantes de otros grupos.

3. Si existe una clara **jerarquía social** entre grupos sociales, esos grupos serán más cerrados aún si cabe.

4. Es importante tener en cuenta el **espacio físico existente,** pues la existencia o no de barreras físicas puede provocar que los grupos sean más o menos cerrados, es decir, que interaccionen entre ellos.

ACTIVIDAD FORMATIVA

Señala varios ejemplos que hagan referencia a estereotipos, prejuicios y discriminación respecto a los siguientes grupos que se indican a continuación:

Grupos	Estereotipos	Prejuicios	Discriminación
Mujeres			
Musulmanes			
Negros			
Personas mayores			

ACTIVIDADES FINALES

De comprobación

2.1. Según Shaw (1979), una de las características de un grupo es que sus miembros...

a) Persistan durante un cierto periodo de tiempo.

b) Tengan uno o más objetivos individuales.

c) Hayan desarrollado una estructura individual, aunque solo sea rudimentaria.

2.2. ¿A través de qué proceso se identifican fuertemente los miembros de un grupo cohesivo?

a) Proceso de cohesión grupal.

b) Proceso de categorización del yo.

c) Proceso de atracción intrapersonal.

2.3. ¿Qué es el *brainstorming*?

a) Una modalidad de dinámica individual.

b) Una modalidad de dinámica individual y grupal.

c) Una modalidad de dinámica de grupo.

2.4. ¿Qué concepto/s de los siguientes implican derechos y obligaciones?

a) Estatus.

b) Rol y estatus.

c) Norma y rol.

2.5. Según Kelman, ¿qué tipo de conformidad se caracteriza por ser la más sutil y duradera?

a) La conformidad simulada.

b) La identificación.

c) La interiorización.

2.6. ¿Qué concepto hace referencia al hecho de que una persona se sienta integrada en un grupo?

a) Categorización.

b) Membresía.

c) Semejanza endogrupal.

2.7. ¿Qué término hace referencia a las creencias compartidas por un número de personas acerca de los atributos personales que poseen los miembros de un grupo?

a) Prejuicio.

b) Estereotipo.

c) Orgullo.

2.8. ¿A qué hace referencia el sexismo institucionalizado?

a) A que las mujeres ocupan empleos de menor cualificación profesional.

b) A que las mujeres reciben un salario poco retributivo.

c) Las dos respuestas anteriores son correctas.

2.9. ¿Hacia qué edad se desarrolla la identidad de género?

a) Hacia los 3 años de edad.

b) Hacia los 2 años de edad.

c) Hacia los 4 años de edad.

2.10. ¿Qué tipo de liderazgo permite que el grupo se autorregule por sí mismo?

a) Democrático.

b) Autoritario.

c) *Laissez-faire.*

De ampliación

2.1. Define un líder.

2.2. Explica qué efectos tienen lugar cuando las personas se categorizan como miembros de un grupo.

3. Estructuras de apoyo para la participación en el entorno de intervención

Contenido

Reunirse en equipo es el principio.

Mantenerse en equipo es el progreso.

Trabajar en equipo asegura el éxito.

Henry Ford

Figura 3.1. La igualdad y la no discriminación están reconocidas
como valores esenciales que deben ser respetados.

Las personas dedican gran parte de sus vidas a interactuar con otras personas. En la mayoría de los casos muchos serán *conocidos superficiales*, es decir, habrá un intercambio de saludos amistosos y alguna que otra palabra cuando se produzca un encuentro. Sin embargo, en otros casos, aunque muchos menos, hay personas con las que el intercambio de información es aún mayor y, por ello, llegarán a convertirse en conocidos cercanos.

¿De qué depende la diferencia entre conocidos superficiales y conocidos cercanos? Depende de la **necesidad de afiliación** de cada persona y de la manera en que se reacciona ante las **características observables** de la otra persona.

Al respecto, Erving Goffman, un sociólogo y escritor canadiense, desarrolló la **teoría de la gestión de las impresiones**, la cual hace referencia a cómo las personas crean, mantienen y mejoran la propia identidad social. Según Goffman, las personas intentan de manera consciente o bien inconsciente, manipular y controlar cómo perciben las demás personas en situaciones relacionadas con la interacción. Es así, que en palabras del propio Goffman *la vida es una representación teatral*, pues la personalidad es la suma de los diferentes papeles que la persona representa a lo largo de toda su vida. Este autor concibe la personalidad como un efecto dramático de cómo la persona se presenta en la esfera pública. Pero para transmitir una impresión positiva hay que contar con un decorado adecuado (vestuario, habilidades, etc.) y una comprensión compartida de lo que supone estar en escena (en la esfera pública) o entre bastidores (en la esfera privada).

La percepción de otras personas es un proceso que se encuentra al servicio de las interacciones con las demás personas. En palabras de Fiske (1992), las personas perciben a las demás para maximizar los efectos de la interacción con ellas.

Es posible encontrar muchos modelos acerca de la percepción social, pero aquí se explicará el **modelo secuencial de Fiske y Neuberg** (1990). Estos autores proporcionaron un modelo sobre la percepción social de las personas a través de cinco etapas, las cuales siguen una secuencia lineal.

- **Etapa 1**: la perceptora o el perceptor observa a una persona. En este momento inicial se categoriza a la persona de un modo automático, teniendo en cuenta claves físicas que son directamente observables. En el caso de que la persona no tenga interés para el perceptor o la perceptora, el proceso se acaba en esta primera etapa.

- **Etapa 2**: si esta persona causa interés a la persona perceptora, le prestará atención y registrará nuevas informaciones acerca de ella.

- **Etapa 3**: las nuevas informaciones permiten al perceptor o la perceptora confirmar la categorización realizada en la primera fase. Si los nuevos datos se ajustan, la persona perceptora da por buena la reacción inicial que ha tenido con esa persona y la categoría activada en ese caso.

- **Etapa 4**: si por el contrario, los nuevos datos no se ajustan, la persona perceptora buscará nuevas categorías o ejemplares hasta dar con aquel que mejor se ajuste. Será la denominada *etapa de recategorización*.

- **Etapa 5**: si la recategorización realizada en la anterior etapa ha sido poco útil para interpretar a la persona, la persona perceptora volverá a procesar la información, pero en esta ocasión lo hará teniendo en cuenta cada elemento de forma individual.

Figura 3.2. Modelo secuencial de Fiske y Neuberg.

Llegado a este punto, es propicio hacer referencia a una teoría muy conocida especialmente en el ámbito de la psicología: la **pirámide de Maslow**. Basándose en ello, Abraham Maslow estableció una jerarquía de necesidades humanas, que van desde la satisfacción de las necesidades más básicas a aquellas necesidades relacionadas con el sentido de la vida.

Maslow establece una distinción entre **necesidades de déficit** (necesidades fisiológicas, necesidades de seguridad, necesidades de amor y pertenencia y necesidades de autoestima), las cuales se encuentran en la base de la pirámide; y **necesidades de crecimiento** (necesidades cognitivas, necesidades estéticas, necesidades de autorrealización y, finalmente en la cúspide, necesidades de autotrascendencia), las cuales se encuentran en la mitad superior de la pirámide.

En la base de la pirámide, como necesidades de déficit, se encuentran las **necesidades de afiliación** (necesidades de amor y pertenencia). Estas necesidades se basan en el contacto con los demás y permiten obtener tanto la aprobación de los demás como el apoyo social, comparar y evaluar nuestras creencias, actitudes y habilidades, así como desarrollar una identidad y un sentimiento de pertenencia. Algunos ejemplos de necesidades de afiliación son: tener un grupo de amigos con quienes compartir el tiempo libre, pertenecer a un grupo religioso, etcétera.

A continuación, se presenta esta jerarquía de necesidades a través de la clásica representación de una pirámide, con las necesidades más básicas en la base y los demás requisitos esenciales para tener una vida plena agrupados ya en los niveles más altos que se dirigen a la cúspide.

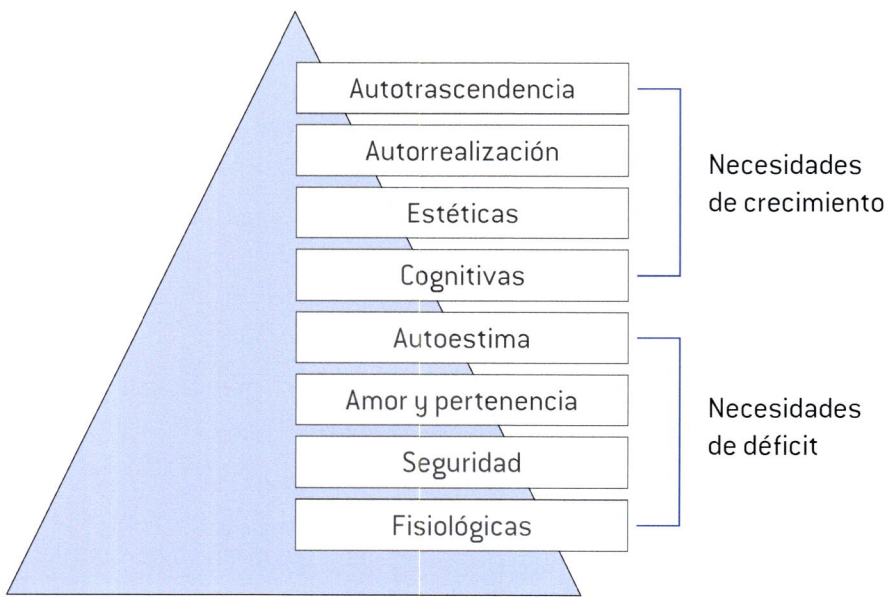

Figura 3.3. Teoría de la jerarquía de necesidades humanas, de Maslow.

Como cabe esperar, las necesidades de afiliación no son las mismas en todas las personas, ya que todas las personas aprenden a buscar la cantidad de contacto social que consideren óptimo. Sin embargo, es posible señalar aspectos positivos con los cuales se identifica: el fortalecimiento de la autoestima y bienestar, la adquisición de habilidades sociales, el fomento de la sociabilidad desde edades muy tempranas, etcétera.

Por otra parte, el apoyo social encuentra sus antecedentes en Durkheim (1987) y en su clásico trabajo sobre el suicidio. Durkheim explica que la influencia negativa que tiene el aislamiento social, así como la ruptura con las redes sociales del entorno (familia, amigos, etc.), supone un aumento de la mortalidad, y, concretamente, en su trabajo hacía referencia al suicidio. Otros estudios posteriores ratificaron algo que se da por hecho: que **el apoyo social contribuye de manera muy positiva a la salud y al bienestar de las personas.**

Se diferencian **varios niveles** de apoyo social:

- **Apoyo social informal:** es el apoyo que se obtiene de las relaciones más íntimas como la familia o la pareja.

- **Nivel medio o de redes sociales:** es el apoyo que se obtiene de la interacción con las personas que forman parte de nuestro entramado social.

- **Nivel macro o comunitario:** es el apoyo que proporciona la comunidad y el sentido de comunidad que se genera en la persona.

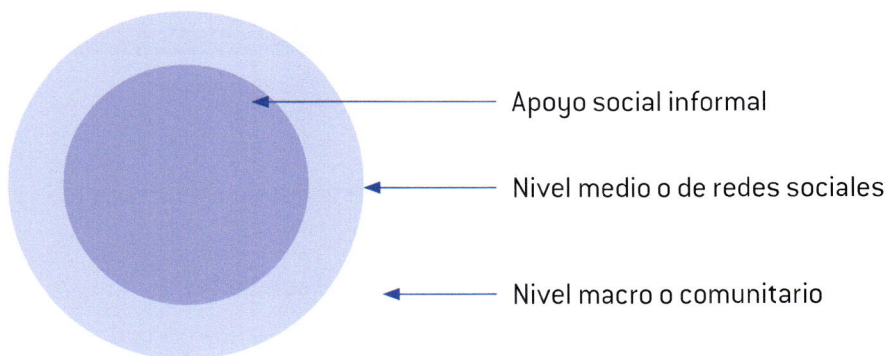

Figura 3.4. Niveles de apoyo social.

Entendemos el apoyo social en términos de *estructura*, es decir, la red de personas con las que una persona cuenta atendiendo a aspectos como el tamaño, tipo, frecuencia de contacto, etc.; y en términos relacionados con su *función*, es decir, el apoyo proporcionado por la red de personas con las que la persona cuenta.

Teniendo en cuenta la **perspectiva funcional** de estudio del apoyo social, se puede decir que existe cierto consenso en considerar *tres dimensiones* fundamentales del mismo:

- **Apoyo emocional:** el afecto, la confianza, etc. Este tipo de apoyo hace referencia al hecho de que las personas se sientan queridas y valoradas.

  — Esta dimensión se identifica con el **nivel afectivo.**

Figura 3.5. El apoyo social de divide en tres dimensiones: emocional, instrumental e informativo.

- **Apoyo instrumental:** la ayuda material. Este tipo de apoyo hace referencia a la ayuda económica, doméstica, etcétera.

  — Esta dimensión se identifica con el **nivel conductual.**

- **Apoyo informativo:** las sugerencias, los consejos, etc. Este tipo de apoyo hace referencia al hecho de que las personas pueden resolver las dudas o problemas a través del consejo o la información que otras personas pueden proporcionarles.

  — Esta dimensión se identifica con el **nivel cognitivo.**

Además, desde esta perspectiva y según lo anterior, también se suele diferenciar entre **apoyo social percibido** y **apoyo social real** o **recibido.** Como su propio nombre indica, no significa lo mismo la percepción que se puede tener de apoyo en un determinado momento que ser consciente de su existencia real.

Figura 3.6. Diferencias entre el apoyo social recibido y el percibido.

Al respecto, pueden darse dos discrepancias:

1. **Supravaloración**: cuando se percibe apoyo disponible aunque sea falso, esto incrementa el bienestar psicológico de la persona. El problema surge cuando la persona necesita el apoyo real y no se obtiene, lo cual provoca efectos negativos y desagradables.

2. **Infravaloración**: es el caso contrario al anterior, y tal vez más negativo si cabe, ya que a pesar de la existencia real del apoyo, la persona no es capaz de percibirlo, por lo que todo apoyo existente pierde su eficacia.

En definitiva, el apoyo social consiste en la obtención por parte de la persona de determinados *recursos* a partir de su *interacción* con la red de personas con las que cuenta. Si se percibe la existencia de apoyo social en la vida, es altamente probable que el grado de participación sea alto.

Todo lo anterior serán puntos esenciales que tener en cuenta en el entorno de intervención. Pero ¿cuál será el entorno de intervención? Sin duda, la **comunidad.** Esta puede ser entendida como un lugar, como un conjunto de personas y también como un sistema social de redes sociales. Las comunidades funcionan como un todo gracias al sentido de relación y de cooperación existente entre las personas que las componen, así como también la realización de acciones en común en busca de los mismos objetivos. Inevitablemente se genera un *sentimiento de comunidad* entre todas las personas, el cual se define como la percepción de similitud con los y las demás integrantes de la misma, es decir, de pertenencia a una colectividad mayor de la cual se siente parte importante.

3.1. TIPOLOGÍA DE ESTRUCTURAS ORGANIZATIVAS EXISTENTES EN EL ENTORNO: INSTITUCIONES PÚBLICAS, PRIVADAS, ENTIDADES SIN ÁNIMO DE LUCRO Y ASOCIACIONES

Biersledt define el concepto de **institución** como *una forma definitiva y regulada de hacer algo*. De esta breve pero clarificadora definición, se puede extraer en primer lugar que las instituciones tienen objetivos concretos pero que además también tienen metas o ideas compartidas. Son ejemplos de instituciones: la institución familiar, la institución política, la institución educativa, la institución sanitaria, la institución económica, etcétera.

El término **regulada,** incluido en la definición de Biersledt, nos indica que los procedimientos comunes que tienen lugar siguen unas pautas de comportamientos estandarizados y conllevan la asunción de determinados roles y estatus.

Figura 3.7. Las instituciones han sido creadas por la sociedad.

Algunas de las principales características de una institución son las siguientes:

- La creación de una institución tiene un **carácter intencional** y la principal meta asociada a la misma es la **satisfacción de necesidades sociales** que presenta una colectividad en concreto.

- Las instituciones tienen un **carácter permanente** y, además, presentan un **carácter unificado,** aunque puedan depender en lo referente a determinados ámbitos a otras instituciones.

- Las instituciones están **estructuradas**, presentando además una correcta **organización** y **coordinación.**

- Finalmente, las instituciones están cargadas de **valor**, esto se refiere a que los comportamientos que cada persona muestra son códigos normativos de conducta.

Como se ha hecho referencia, las instituciones fueron y son **creadas por la sociedad** según las necesidades y demandas existentes. Con el paso del tiempo, estas necesidades se han prolongado, como no podía ser de otra manera, pero se han ido modificando en cuanto a valores, costumbres, principios, normas y creencias dentro de la sociedad.

El establecimiento de normas definidas que, además, asignan estatus (posiciones) y roles (funciones) aceptados por la sociedad, conforman la denominada **institucionalización.**

Conviene diferenciar el término anterior de los dos que siguen a continuación y que en no pocas ocasiones se toman como sinónimos.

El primer término es el de **organización**. Según Blau (1975), *una organización nace en el momento en que se establecen procedimientos explícitos para coordinar las actividades de un grupo con miras a la consecución de objetivos específicos.* Las organizaciones facilitan que las personas puedan realizar actividades que, de otro modo, no podrían llevar a cabo por ellas mismas. Además, pueden estar compuestas por un grupo pequeño de personas que se conocen, o bien tratarse de entes grandes y de carácter impersonal, siendo más probable esta última opción, son claros ejemplos las universidades, las sociedades empresariales, etcétera.

Max Weber fue uno de los autores que analizó con mayor profundidad la organización. Definió el **poder** como *la probabilidad de alcanzar unos objetivos pese a la oposición de otras personas*. A partir de este término, elaboró el concepto de **autoridad**, entendida como *el poder que la gente percibe como legítimo en vez de como coercitivo*. Además, diseñó el modelo ideal de los **tres tipos de gestión de la autoridad**:

- **Autoridad tradicional**: es el poder legitimado gracias a pautas culturales establecidas en el pasado.

- **Autoridad legal**: es el poder legitimado por reglas y regulaciones aprobadas legalmente.

- **Autoridad carismática**: es el poder legitimado por cualidades personales excepcionales, que inspiran devoción y obediencia.

¿Por qué son tan importantes las organizaciones para las personas? Por el hecho de que las organizaciones facilitan que se puedan satisfacer las necesidades de una manera sencilla basada en la **coordinación**. Muchas de las necesidades las suministran personas con las que no se tiene ni se va a tener un contacto personal (personas que no se conocen) y que en muchos casos viven a miles de kilómetros de distancia. En estos casos, la coordinación tanto de actividades como de recursos es fundamental para la ciudadanía, y es lo que consiguen las organizaciones.

El segundo término es el de **asociación**, la cual se define como la unión voluntaria de personas organizadas cuyos medios están encaminados a alcanzar determinados objetivos. Por ejemplo, aquellas asociaciones en defensa del medio ambiente, en defensa de los animales, etc. Se entiende, por norma general, que las asociaciones tienen un carácter voluntario.

Una organización surge de procesos formales y está sujeta a determinados compromisos de antemano, mientras que una asociación surge de manera espontánea y se refiere a la satisfacción de compromisos de carácter interpersonal.

Tres elementos comunes en las asociaciones son:

- Tienen un **objetivo concreto** el cual es **común** para todas las personas integrantes.

- La afiliación de los componentes es de carácter **voluntario**.

- **No es independiente del Estado** (las asociaciones voluntarias en España están por ley obligadas a la inscripción en un registro, el cual facilita un control de las mismas y en determinados casos la posibilidad de percibir subvenciones, ya que muchas de las asociaciones se mantienen gracias a este tipo de ayudas).

Finalmente, es necesario aclarar a qué se hace referencia cuando se habla de **organizaciones no lucrativas** o **sin ánimo de lucro**. Hoy en día existe mucha complejidad al respecto, pues algunas de estas organizaciones señalan sus rasgos positivos (organizaciones voluntarias); otras las diferencias respecto al Gobierno (organizaciones no gubernamentales), etcétera.

A continuación, se presenta de manera más detallada:

Las **organizaciones voluntarias** son aquellas que como su propio nombre indica destacan por su aportación del voluntariado, es decir, el trabajo gratuito por parte de las personas que la conforman.

El acrónimo ONG hace referencia a las **organizaciones no gubernamentales** y fue acuñado por la ONU, que define a las mismas como entidades privadas observadoras, asesoras o colaboradoras. Actualmente se identifican con entidades que proporcionan ayuda humanitaria y de cooperación al desarrollo (ONGD). Sin embargo, se debe aclarar que hoy en día, a pesar de que este término se usa mucho en el ámbito público (medios de comunicación, discursos de la ciudadanía, etc.), es un término bastante cuestionado en el ámbito académico dada su interpretación ambigua e imprecisa en determinados aspectos, pues en su definición podrían incluirse tanto organizaciones de carácter benéfico como organizaciones de carácter terrorista.

Por último, cabe señalar la existencia de unos rasgos diferenciales en todas las sociedades: son los **caracteres institucionales**. Algunos de ellos son comunes en todas las sociedades:

- **Símbolos culturales:** por símbolo se entiende un conjunto de elementos con significado específico para una comunidad de personas que comparten una cultura. Por ejemplo, un himno, una bandera, etcétera.

- **Códigos:** en la sociedad las personas ocupan diferentes estatus, implican una serie de responsabilidades y también expectativas que se esperan de esa misma persona. Pero además, las personas que ocupan un estatus deberán desempeñar un rol.

- **Ideologías:** una ideología es un conjunto de creencias, ideas o actitudes íntimamente relacionadas que son características de un grupo o de una comunidad.

  Son diversas las funciones que se pueden asignar a la ideología, algunas de ellas son la movilización, la acción política, el liderazgo, etc., aunque la más sobresaliente de todas ellas es la legitimación, pues confiere valor.

3.2. PROCEDIMIENTOS DE IDENTIFICACIÓN Y SISTEMATIZACIÓN DE ESTRUCTURAS, MODELOS Y ESPACIOS ORGANIZATIVOS DONDE SE PRODUCE PARTICIPACIÓN EN EL ENTORNO DE INTERVENCIÓN

Si en el punto anterior se tenía en cuenta una perspectiva funcional, en este caso se tratará la **perspectiva estructural** del apoyo social, la cual se centra tanto en la existencia como en el tamaño de relaciones sociales que se posee.

Figura 3.8. Los estudios demuestran que las personas que perciben altos niveles de apoyo social tienen un alto autoconcepto, un estilo de afrontamiento más adecuado ante el estrés, una mayor autoestima y autoconfianza.

En primer lugar, conviene aclarar el concepto de **estructura social** y su significado. Una estructura social es *el modo en que las partes de un sistema social (personas, organizaciones, grupos) se relacionan entre sí y forman el todo, pudiendo eventualmente presentar sucesivas y diferentes conformaciones o transformaciones sin que por ello sea otro el sistema social en cuestión*.

Una estructura social incluye aquello que es más estable y permanente de una sociedad, y también es aquello que la define. Finalmente, son las propias *instituciones* las que representan la estructura social existente en una sociedad, ya que son los rasgos que las configuran los mismos que representarán a la sociedad de la cual forman parte.

A lo largo de toda la historia, las sociedades se han ido configurando a través de las instituciones, de esta forma se han podido cubrir aquellas demandas o necesidades importantes para la sociedad.

La **perspectiva estructural** se ha centrado sobre todo en la existencia y tamaño de las relaciones sociales. El *tamaño* hace referencia al número de personas con las cuales se mantiene contacto mientras que el *número* de miembros ofrece una idea acerca de la cantidad de recursos de los cuales puede disponer la persona.

3.2.1. Redes formales e informales (presenciales y telemáticas)

Hablar de redes hace pensar en un término muy relacionado y de carácter aún más amplio, la **globalización,** que se define como la progresiva integración de las diferentes sociedades en un único sistema de carácter interdependiente. Como es obvio, afecta a todas las facetas de la vida de las personas, tanto de forma individual como colectiva. Este término induce a pensar en el creciente entramado de redes sociales que hoy ya se expresan en términos de flujo y ya no solo de personas o comunidades. La globalización es la consecuencia de la creciente interdependencia tanto social como económica, política y también cultural.

Hoy en día, y siguiendo con lo anterior, existe una **sociedad intercomunicada**, esto es una sociedad comunicada en forma de red. Se trata de un tipo de comunicación de carácter instantáneo que llega a casi todos los rincones del mundo.

La **perspectiva estructural** aborda este tema con claridad y acerca a conceptos tan importantes como son la *integración* y la *participación social*.

El concepto de **redes** hace referencia al conjunto de contactos directos e indirectos que relacionan a las personas entre sí. Aportan pues un sentido de unión con las demás personas. A diferencia de los grupos, las redes son más difusas, ya que sus límites no están definidos y tampoco reclaman, como sucede en el caso de los grupos, que las personas cultiven un sentimiento de pertenencia.

Otra diferencia relevante y muy identificativa es que las redes sociales sirven para conectarse con el exterior mientras que los grupos están más bien orientados hacia dentro.

La densidad de las redes sociales, así como el apoyo, varía conforme a la naturaleza de las sociedades. Durkheim utilizó el término **solidaridad orgánica** (la que está presente en las sociedades urbanas) para diferenciarla de la **solidaridad mecánica** (la que está presente en las sociedades rurales).

Figura 3.9. Una persona solidaria es aquella que brinda un apoyo a otra solo por empatía.

Aunque resulte paradójico, no es nada fácil encontrar una definición adecuada para el término de **sociedad,** pero una definición que viene siendo más o menos clásica al respecto es la siguiente de Horton y Hunt (1988): *sociedad es un grupo humano, relativamente independiente, que se perpetúa, ocupa un territorio, comparte una cultura y tiene la mayor parte de sus asociaciones dentro de ese grupo.*

Desde la perspectiva estructural, se diferencian varias *dimensiones* de las redes sociales, entre las cuales se encuentran:

- **El tamaño de la red**: hace referencia al número de personas que forman la red social. Un tamaño amplio supone que la persona dispondrá de mayores recursos de apoyo social para afrontar estresores, aun así, no garantiza la calidad del mismo.

- **Composición de la red y calidad del apoyo**: hace referencia a la diversidad de personas que componen la red social de la persona. Según esto, se puede analizar la calidad de los recursos de los cuales dispone la persona.

- **Densidad de la red**: hace referencia al número de vínculos existentes, así como a la intensidad de los mismos.

- **Reciprocidad**: hace referencia al grado en el que los recursos de apoyo social se intercambian de forma equitativa entre las personas.

- **Frecuencia**: hace referencia al número de veces que se establece contacto entre las personas.

- **Multiplicidad**: hace referencia a aquellas personas que proporcionan más de un tipo de apoyo a la persona.

- **Dispersión**: hace referencia a la facilidad o a la dificultad que existe entre las personas para poder contactar.

- **Homogeneidad**: hace referencia al grado de semejanza existente entre las personas de la red.

Desde hace cierto tiempo, las redes de carácter presencial se han visto favorecidas por el desarrollo de la **tecnología de la información** y en particular de **internet**. Esto ha permitido que muchas compañías rediseñen su estructura organizativa haciéndolas más descentralizadas, es decir, de forma telemática.

Internet permite un procesamiento de datos al instante, y ello es posible sin que exista necesidad de proximidad física entre las personas que están implicadas. Por este motivo, los límites materiales de las organizaciones han dejado de estar claros y hoy en día las organizaciones funcionan como auténticas redes, pues pueden localizarse unas a otras, entrar rápidamente en contacto, coordinar actividades e iniciativas conjuntas, etcétera.

Uno de los principales motivos por los cuales las personas desean unirse a una organización es la de adquirir contactos y, de esta forma, poder aumentar su influencia social y fomentar el grado de participación. Esto recibe el nombre de **capital social**, es decir, la obtención de aquellos frutos que se obtienen de la participación de las personas en las asociaciones.

Actualmente, la participación de las personas en determinados ámbitos es cada vez menor, y esto es algo que conviene cambiar además de fomentar. Es necesario concienciar a la ciudadanía acerca del hecho de que *solo la participación promueve el cambio*. Por ejemplo, las y los estudiantes de hoy en día son menos proclives a votar de lo que eran sus padres, lo cual puede interpretarse como un menor compromiso hacia sus comunidades de referencia.

3.2.2. Grupos de apoyo

El origen de estos grupos se sitúa en Estados Unidos con la creación de *Alcohólicos Anónimos* en 1935. En aquel entonces, las y los integrantes se dieron cuenta de que era posible controlar la adicción al alcohol cuando se contaba con la ayuda que se prestaban entre sí las diferentes personas que componían el grupo. A este proceso de proporcionar ayuda y recibir ayuda a la vez se ha denominado **la ayuda como terapia** (Gartner y Reissman, 1984).

Los **grupos de apoyo** son sistemas informales de ayuda que surgen en diferentes campos como una alternativa a los modelos de salud considerados como tradicionales, por ejemplo, en el caso del ámbito de las adicciones.

Se dirigen principalmente a grupos considerados de riesgo, personas que están atravesando dificultades vitales o que presentan problemas crónicos.

Estos grupos suelen estar integrados por **iguales** (es decir, el estatus de las personas es de igual a igual) que se reúnen para alcanzar un **fin específico** o satisfacer necesidades que son comunes. Se da mucha importancia a las interacciones cara a cara entre las personas integrantes, así como al intercambio de opiniones y la **participación grupal**.

De todo lo anterior se extrae el papel protector que estos grupos proporcionan a la sociedad, pues potencian el poder protector de las personas para ayudarse a sí mismas, así como ayudar a otras personas.

Desde la perspectiva del *empowerment* o potenciación, se considera que los grupos de apoyo a través de la participación activa tratan de devolver a las personas el control sobre sus propias vidas.

Estos grupos de apoyo, encaminados a crear vínculos sociales que se basan en la prestación mutua de apoyo entre las personas se relacionan con términos como la **autoayuda**, el **apoyo** o la **ayuda mutua**.

Sin embargo, Gottlieb (1988) hizo una diferenciación ampliamente aceptada respecto a los grupos de apoyo y los grupos de autoayuda. Este autor considera a los primeros como grupos que están dirigidos por un profesional, que además tienen una limitación temporal cuyo número de las personas que lo componen es fijo y que combinan la propia experiencia de los y las integrantes con los conocimientos que son aportados por el experto o profesional que los dirige. En cambio, define a los **grupos de autoayuda** como aquellos que no están dirigidos por personal profesional, pues funcionan de manera autónoma, y que además no están limitados temporalmente.

Figura 3.10. La autoayuda es la ayuda que se proporciona uno mismo para resolver algún problema o cuestión que requiere de atención.

Por otra parte, Levine y Perkins (1987) definen las funciones más valoradas de los grupos de apoyo:

- Promueven el sentimiento de comunidad, el sentimiento de pertenencia a una estructura con la que se sienten identificados y vinculación con otras personas.

- Proporcionan una ideología que da significado a las circunstancias que ocurren tanto en la vida diaria de las personas como también a las experiencias vividas.

- Ofrecen una oportunidad para la crítica mutua, así como para la solidaridad grupal.

- Se fomenta la comparación social a través de los modelos de conducta que se exponen por parte de las diferentes personas del grupo.

- Se enseñan habilidades de afrontamiento adecuadas para que las personas de estos grupos puedan enfrentarse adecuadamente a las circunstancias por las que atraviesan.

- Proporcionan una red de relaciones igualitarias donde se crean nuevos lazos al tiempo que se amplían las fuentes de apoyo.

Respecto al papel que el personal profesional representa en los grupos de apoyo, se relaciona con ayudar a definir y delimitar los temas de trabajo, pero también deben identificar las necesidades de las personas integrantes que forman parte de estos grupos. Además de lo anterior, tienen otras tareas muy importantes, algunas de las cuales son: proporcionar técnicas de afrontamiento; garantizar el buen funcionamiento del grupo programando reuniones, guiando sesiones y facilitando el buen clima en todo momento, etcétera.

Desde la intervención psicosocial, se considera a los grupos de apoyo como un recurso muy valioso con el que se puede contar.

3.3. CANALIZACIÓN DE DEMANDAS VINCULADAS A LA PARTICIPACIÓN APLICANDO LA PERSPECTIVA DE GÉNERO

Parsons define el proceso de **socialización** como aquella transmisión e incorporación de las pautas culturales. En la creación de este proceso intervienen los **agentes de socialización**, los cuales desempeñan un papel sumamente importante en el aprendizaje de los roles de género en las niñas y en los niños. Estos agentes no son solamente importantes en la infancia, sino que a lo largo de toda la vida continúan modificando perspectivas, favoreciendo la igualdad de género en el mejor de los casos o bien todo lo contrario.

De la misma forma que favorecen el aprendizaje de los roles de género, también estos mismos agentes son canalizadores de demandas y necesidades de la sociedad actual.

La **familia** constituye la forma de institución social más significativa en la formación de las personas. Es la principal portadora de valores considerados básicos, siendo uno de ellos la igualdad. Al respecto, cabe señalar que hoy en día las mujeres se incorporan al mercado laboral de forma masiva, a diferencia de lo que ocurría en tiempos pasados, ya que además las condiciones han cambiado mucho junto con el avance de la sociedad. La institución familiar se encuentra en continuo proceso de cambio y transformación. Algunos conceptos vinculados con la institución familiar son los siguientes:

- Las unidades sociales están basadas en el **parentesco**, o lo que es lo mismo, aquellas relaciones entre las personas y de las cuales se derivan derechos, obligaciones, etc. El parentesco se adquiere a partir de la consanguinidad, por adopción o por vínculos de carácter político, como es el caso del matrimonio.

- El **hogar** es aquel grupo de personas que residen en una misma vivienda y que, además, comparten gastos. Pero, a diferencia de la familia, no hay necesidad de que exista parentesco entre estas personas, de ahí que la familia pueda confundirse con hogar pero nunca al revés.

- En último lugar nos referiremos al **matrimonio** como la unión de dos personas adultas que está reconocida y aprobada.

Relacionado con todo lo anterior, es necesario hacer una diferenciación entre **familia extensa** y **familia nuclear**. Históricamente ha predominado el primer tipo, caracterizado por personas adultas de diversas generaciones que convivían en el mismo grupo doméstico. En este caso, las relaciones giraban en torno al *cabeza de familia*, generando con ello desigualdad de género. A medida que la sociedad ha ido avanzando y la agricultura ha ido perdiendo a favor de la industria, se ha afianzado el modelo de familia nuclear, caracterizada por estar formada principalmente por un esposo, esposa y los hijos socialmente reconocidos.

Otro de los agentes socializadores más importante es la **institución educativa**. Permite la transmisión de conocimientos, valores y normas. Pero esta institución tan importante tiene responsabilidades compartidas con otros agentes sociales, como son la familia, la comunidad, los medios de comunicación, etc., entre las cuales se encuentra continuar con la fomentación de la igualdad de género y la participación más activa del género femenino. La educación posibilita el desarrollo o continuidad del sistema económico y social existente, pero además es un motor de cambio social y también cultural que transforma la realidad existente.

En lo que aquí compete, es relevante señalar el papel de la educación en la formación de la ciudadanía e integrantes de una colectividad que requiere de la participación ciudadana. La **integración en la sociedad civil** (entendiendo sociedad civil como aquella relación social que permite un espacio de igualdad) es otra de las funciones que la educación debe llevar a cabo, y esto es así porque gestiona principalmente colectivos antes que personas, de ahí que las bases de la igualdad se extiendan desde esta institución y unifiquen valores con las demás instituciones.

Las *desigualdades educativas* por razones de clase social, de hábitat, de nacionalidad, etc., no son una novedad, ya que siempre han existido, al igual que las desigualdades educativas por razones de género.

Figura 3.11. La participación plena y equitativa de las mujeres en todos los ámbitos de la sociedad es un derecho humano fundamental.

Finalmente, cabe destacar el papel de los **medios de comunicación** (la prensa escrita, la radio, la televisión, la publicidad, la fotografía, el cine, la telefonía e internet), dada la enorme importancia que tienen hoy en día, hecho constatable para cualquier persona que observa la realidad social, pues cada vez tienen más influencia en la transformación de las sociedades. Además, tienen un gran efecto tanto en el comportamiento como en las ideas de las personas, pues tienen una presencia reiterativa en nuestras vidas.

Al respecto, se denomina **efecto mediático** a la influencia que estos medios de comunicación ejercen sobre la vida de las personas y las instituciones, esto se refleja en las audiencias. Así como en el pasado los clásicos y principales fines de los medios de comunicación, informar, formar, y entretener, estaban bien diferenciados; hoy en día esto no está tan claro.

Actualmente asistimos a una difuminación de la *función educativa*, la *información* y el *entretenimiento*, pues estos tres fines se han entremezclado tanto en determinados aspectos de la comunicación que se desdibujan las fronteras tradicionales hasta el punto de no diferenciar la información de la opinión. Un ejemplo de lo anterior son las palabras que hace años declaraba el director general de la cadena privada de televisión más importante de Europa, la RTL.

Sus palabras fueron *nos limitamos a reflejar el estado de la sociedad*, al intentar salir al paso de las críticas que en su momento suscitó el cambio de perspectiva hacia la denominada *televisión basura* en la cadena que dirigía.

Figura 3.12. Para que todos los enfoques participativos funcionen adecuadamente, se deben crear espacios que sean accesibles para todas las mujeres y donde la participación pueda ser conjunta.

ACTIVIDAD FORMATIVA

El apoyo social contribuye de manera muy positiva a la salud y al bienestar de las personas.

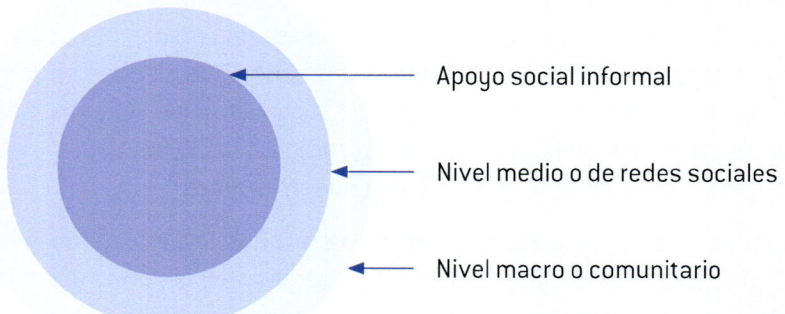

Apoyo social informal

Nivel medio o de redes sociales

Nivel macro o comunitario

Pon varios ejemplos de los diferentes niveles de apoyo social en base a estos aspectos positivos que caracterizan el apoyo social:

- Apoyo social informal.
- Nivel medio o de redes sociales.
- Nivel macro o comunitario.

ACTIVIDADES FINALES

De comprobación

3.1. ¿De qué depende la necesidad de afiliación?

a) Del número de conocidos.

b) De la manera en que reaccionamos ante las características observables del otro.

c) De la manera en que nos relacionamos.

3.2. ¿A qué nos referimos cuando hablamos de apoyo social informal?

a) Al apoyo de las redes sociales.

b) Al apoyo de la familia o pareja.

c) Al apoyo de la comunidad y vecinos.

3.3. ¿Cómo define Biersledt una institución?

a) Como una forma definitiva y regulada de hacer algo.

b) Como una forma regulada de hacer algo.

c) Como una forma definitiva de hacer algo.

3.4. El establecimiento de normas definidas, que además asignan estatus y roles aceptados por la sociedad conforman, se denomina…

a) Institucionalización.

b) Organización.

c) Asociación.

3.5. ¿Cuál de los siguientes es un elemento común en las asociaciones?

a) Carácter voluntario.

b) Independiente del Estado.

c) Se basa en objetivos individuales.

3.6. ¿A qué nos referimos cuando hablamos de *sociedad intercomunicada*?

a) A una sociedad industrial.

b) A una sociedad globalizada.

c) A una sociedad comunicada en forma de red.

3.7. Los grupos de apoyo suelen estar integrados por...

a) Miembros muy diferentes.

b) Iguales.

c) Expertos.

3.8. ¿Cómo se denomina la influencia que los medios de comunicación ejercen sobre la vida de las personas y las instituciones?

a) Efecto mediatizador.

b) Efecto mediático.

c) Efecto social media.

3.9. ¿Qué tipo de solidaridad está presente en las sociedades urbanas según Durkheim?

a) La solidaridad orgánica.

b) La solidaridad mecánica.

c) La solidaridad equitativa.

3.10. ¿Qué término se relaciona estrechamente con el de redes?

a) Cooperación.

b) Multiplicidad.

c) Globalización.

De ampliación

3.1. Define las discrepancias del apoyo social: la supravaloración y la infravaloración.

3.2. Explica las diferentes necesidades de la pirámide de Maslow.

4. Establecimiento de estrategias de sensibilización e impulso del empoderamiento femenino

Contenido

La palabra convence, pero el ejemplo arrastra.

Madre Teresa de Calcuta

Figura 4.1. El empoderamiento de una persona empieza cuando esta analiza cómo los límites sociales restringen su derecho de libertad.

Los sistemas sociales determinan en gran medida la conducta humana, positiva o negativamente, por ello las causas de los problemas psicosociales no están tanto en las personas como en los sistemas sociales, y en la relación que tanto personas como grupos sociales mantienen con ellos.

Al respecto, el término de **empoderamiento** se utiliza mucho hoy en día, fundamentalmente cuando se habla de *cooperación al desarrollo y/o de género*. Este concepto de *empowerment*, entendido en nuestro idioma como empoderamiento, fortalecimiento o dotación de poder, fue desarrollado por Julian Rappaport (1981).

El empoderamiento hace referencia al *proceso a través del cual los individuos, grupos y comunidades adquieren la capacidad de controlar sus circunstancias, así como lograr sus objetivos para conseguir una calidad de vida óptima*, y, en el caso que nos ocupa, la participación de la mujer.

Su sentido dinámico hace referencia a la adquisición de una habilidad o capacidad en relación con algún aspecto vital.

A partir del concepto desarrollado por Rappaport, será Zimmerman (1995) quien proponga el *modelo multinivel de empowerment*, definiendo tres niveles de análisis interdependientes: *nivel individual, organizacional y comunitario*.

Además, parte de una serie de presupuestos acerca del *empowerment*:

- El *empowerment* se desarrolla de manera diferente en las personas y dependerá de las características personales, así como de las experiencias y vivencias que esa persona ha vivido.

- El *empowerment* será diferente según el contexto de actuación.

- El *empowerment* es un concepto de carácter dinámico, es decir, que está en constante cambio.

El *empowerment* es esencial para el desarrollo humano, pues fomenta y favorece la capacitación tanto individual como colectiva de las personas. Una carencia del mismo contribuye a la aparición de problemas psicológicos y sociales. Alude a un proceso de toma de conciencia individual y colectiva de las mujeres, que las permita aumentar su participación en los procesos de toma de decisiones y de acceso al ejercicio de poder y a la capacidad de influir en el cambio social.

Para que las mujeres se empoderen, deben hacerlo tanto en el plano individual como en el plano colectivo:

- **Empoderarse a nivel individual** supone que las mujeres adquieran confianza en sí mismas, que sean asertivas, que logren autoridad para tomar decisiones, en definitiva, que actúen como sujetos de derecho no sometidas a control ni limitadas por los roles que la sociedad les impone.

- **Empoderarse a nivel colectivo** alude al proceso por el cual los intereses de las mujeres se relacionan, a fin de incrementar su poder en el acceso, uso y control de los recursos materiales y simbólicos, de los beneficios y de ganar influencia y participar en la toma de decisiones y en el cambio social.

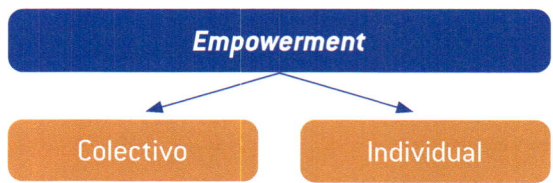

Figura 4.2. Los dos tipos de *empowerment*.

4.1. MECANISMOS PARA PROMOCIONAR E IMPULSAR LA TOMA DE DECISIONES INDIVIDUAL Y GRUPAL DE LAS MUJERES

Existe un modelo cuya asunción básica y principal es que las personas tienen una capacidad de desarrollo que en algún momento puede ser activada, y si por el contrario no lo está, puede activarse mediante la aportación de aquellos suministros de los cuales carecen. Este modelo fue propuesto por Gerald Caplan (1964)

© Ediciones Paraninfo

y está basado en el **desarrollo humano**, a diferencia de tantos modelos deficitarios o de carácter negativo. De esta forma, se pretenden sumar todos aquellos suministros externos a las capacidades que ya dispone la persona.

Estos suministros externos se agrupan en tres categorías:

- **Suministros físicos**: están relacionados con la alimentación, la vivienda, la estimulación y el ejercicio físico.

- **Suministros psicosociales**: se encuentran en este tipo de suministros el amor y el afecto, el control y la participación en actividades colectivas.

- **Suministros socioculturales**: hace referencia a la sociedad global y a los agentes socializadores (familia, iguales, etcétera).

Antes de continuar, conviene aclarar algunos conceptos relativos al **poder** dada su importancia en todo el capítulo presente:

- El poder puede definirse como a*quella capacidad de afectar al comportamiento de otras personas o a la vida colectiva a través de la amenaza o el uso real de la fuerza así como de recompensas y castigos*.

- Es una forma de influencia social y de relación entre personas, grupos e instituciones.

- El poder representado por la autoridad es un poder institucionalizado.

- Se manifiesta a través de muchas formas, por ejemplo, a través de la ley, la autoridad, la opinión, la influencia social, etc. Para algunos autores, el poder es una fuerza latente, de manera que la fuerza es poder manifiesto. Pero la manifestación del poder también es posible a través de la ideología (ideas que justifican situaciones o relaciones sociales).

Figura 4.3. El desarrollo humano es un proceso continuo que implica el crecimiento y mejora de las capacidades de las personas a lo largo de su vida.

- En sentido relacional, implica una *reciprocidad activa* en la que una parte se presenta como dominante y la otra parte como subordinada. De esto se presupone que el poder está desigualmente distribuido, pues no hay poder sin desigualdad.

- Está presente tanto en las organizaciones formales como en las informales y, como cabe esperar, en la comunidad.

Al respecto, se pueden diferenciar varios **tipos de poder:**

- **Poder coercitivo:** es aquel poder que se refiere al potencial para repartir amenazas y castigos, los cuales fuerzan a otra persona a cambiar su conducta.

- **Poder de recompensa:** este poder se basa en el acceso a los bienes que otros valoran, por ejemplo, los pagos.

- **Poder legítimo:** este poder se refiere al que representa la autoridad. Cuanto más alto se encuentra una persona en la jerarquía, mayor poder legítimo y, por tanto, autoridad tiene.

- **Poder de experto:** es aquel que otras personas reconocen en una persona debido a sus cualidades y capacidades en cierto ámbito.

- **Poder de referencia:** es el poder que adquieren algunas personas cuando adquieren la capacidad de influir en otras personas al sentir admiración y agrado por ellas.

Respecto a las características que forman **fuentes** de poder personal, se señalan cuatro:

- **Pericia:** es el conocimiento o la experiencia relevante de acuerdo con la tarea que se lleva a cabo.

- **Atractivo personal:** es una característica deseable que puede inferirse a través del carisma, las características físicas de la persona, etcétera.

- **Esfuerzo:** es el compromiso de tiempo que es mayor al que se espera.

- **Legitimidad:** es el comportamiento consistente en los valores organizacionales clave.

4.1.1. Empoderamiento individual (poder para)

Este tipo de *empowerment* hace referencia a la necesidad de que las propias mujeres incorporen su experiencia como parte de ellas mismas, consiguiendo de esta forma la transformación y el empoderamiento. El proceso de potenciación favorece que amplíen su visión del mundo y de la vida, a través de la incorporación de nuevas capacidades y habilidades personales. Los resultados de esta potenciación conseguirán la percepción de control por parte de la mujer así como también de autoeficacia.

Algunos aspectos importantes que debe potenciar toda mujer de manera individual son:

- Confianza en sí misma.

- Estilo de comunicación asertivo.

- Participación en la vida social.

- Capacidad para tomar decisiones.

- No someterse a los roles que la sociedad otorga.

Figura 4.4. *Empowerment* es un término acuñado en la Conferencia Mundial de las Mujeres en Beijing (Pekín), en 1995, para referirse al aumento de la participación de las mujeres en los procesos de toma de decisiones y acceso al poder.

El proceso de empoderamiento individual avanza a medida que la mujer toma conciencia de sus posibilidades, lo cual provoca un aumento de su capacidad de decisión y de autoestima. Este empoderamiento tiene una relación recíproca con la actividad social, pues una mujer con elevada autoestima, con habilidades sociales adecuadas y segura de sí misma puede contribuir de forma más activa a la acción colectiva.

Para conseguir potenciar a nivel individual lo anterior, conviene tener en cuenta la interacción entre tres componentes:

- **Intrapersonal:** hace referencia a cómo se ven las personas a sí mismas respecto a cuestiones relacionadas con el control, la autoeficacia, las competencias, etcétera.

  — Cuando se fomenta este componente del *empowerment*, la propia persona se cree capaz de influir en un contexto ya proporcionado.

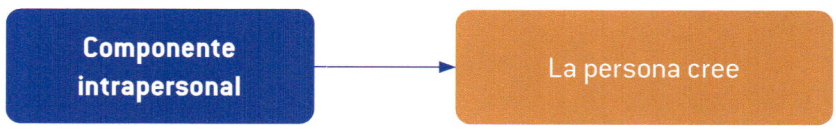

- **Interactivo:** hace referencia a la idea que tienen las personas sobre la comunidad a la que pertenecen y a la capacidad para compartir valores y normas, movilizar recursos, solucionar problemas, etcétera.

  — Cuando se fomenta este componente del *empowerment*, la persona participa activamente en la organización de un contexto ya proporcionado.

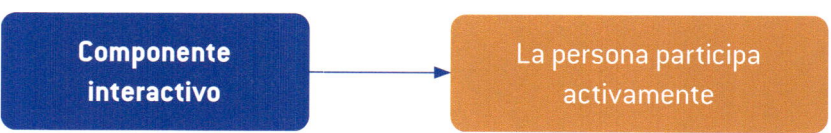

- **Comportamental:** hace referencia a actuaciones concretas que están dirigidas a la consecución de determinados objetivos dirigidos a conseguir la máxima potenciación.

  — Cuando se fomenta este componente del *empowerment*, la persona pone en marcha determinadas conductas para poder cambiar y controlar el contexto en el que se encuentra.

| Componente comportamental | → | La persona actúa |

Teniendo en cuenta lo anterior, para conseguir un **empoderamiento individual** que sea satisfactorio se deberá potenciar y favorecer la aparición y mejora de los tres componentes anteriores.

A pesar de que es a nivel individual donde nacen las inquietudes y donde se desarrollan los valores psicológicos como la autoestima, en muchas ocasiones el empoderamiento individual no es suficiente si no logra movilizar la acción colectiva, por ello se expone a continuación el empoderamiento grupal o colectivo.

4.1.2. Empoderamiento grupal (poder con)

El **empoderamiento grupal** consiste en la acción colectiva y participación de los grupos que forman parte de la sociedad.

Para conseguir el *empowerment* de la comunidad, el proceso de intervención que seguir debe caracterizarse por hacer participar a las personas integrantes de la comunidad, desarrollar un sentido de identidad y de pertenencia al grupo, desarrollar todo tipo de estrategias que ayuden a las personas a solucionar sus propios problemas sin sentirse dependientes de los profesionales, etcétera.

Figura 4.5. El empoderamiento de las mujeres es un proceso por medio del cual se pretende incrementar su capacidad de configurar sus propias vidas y su entorno.

Se debe tener muy en cuenta la más que probable existencia de **elementos facilitadores**, así como de **barreras o estresores**, tanto de carácter personal como ambiental, que puedan afectar al desarrollo del *empowerment* grupal.

Es importante identificar con claridad los elementos estresores, pues de esta manera se podrán desarrollar estrategias alternativas. Algunos de ellos son:

* **Factores personales:**

  — *Estresores*: problemas de salud, creencias o valores culturales de carácter negativo, falta de habilidades de afrontamiento, etcétera.

  — *Facilitadores*: habilidades personales, disponer de una salud física y mental adecuada, valores y creencias positivos, etcétera.

* **Factores ambientales:**

  — *Estresores*: discriminación, prejuicios, falta de oportunidades, carencia de recursos o apoyo social, etcétera.

  — *Facilitadores*: disponibilidad de recursos suficientes y adecuados, apoyo social percibido y real, información adecuada que se le proporciona, etcétera.

Algunas de las estrategias que se deben llevar a cabo, para así poder dar solución a los anteriores estresores, estarían relacionadas con la accesibilidad a recursos y con la disponibilidad de los mismos. De esta manera, las personas se sienten menos vulnerables y afrontan situaciones estresantes que se puedan plantear de una forma adecuada. Además, esto favorecerá una mayor implicación y participación de las personas, lo cual es obviamente muy positivo.

Según lo visto hasta este punto, se debe tener claro lo siguiente:

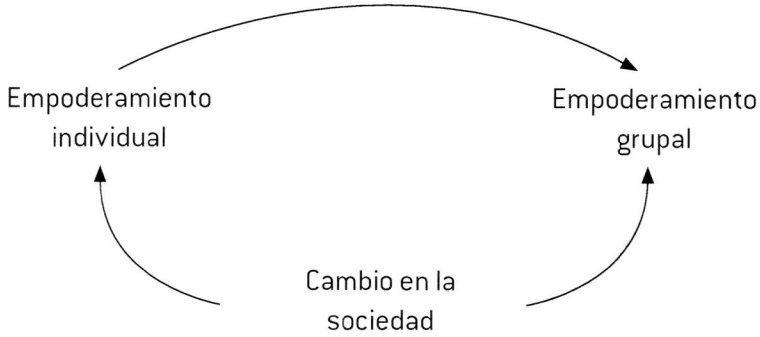

Figura 4.6. El cambio social precisa de un doble *empowerment*.

El empoderamiento individual y el empoderamiento grupal derivan en la creación de un ciclo que se retroalimenta, que favorece el cambio y que además permite el desarrollo de la sociedad. En este sentido, el desarrollo de una sociedad nace de la persona que actúa como agente de cambio empleando el empoderamiento como herramienta clave, primero **individualmente** (poder para) y después **colectivamente** (poder con).

4.2. AUTOCONOCIMIENTO Y MEJORA DE LA AUTOESTIMA

Conócete a ti mismo es una conocida frase inscrita por los siete sabios en el frontispicio del templo de Delfos. Esta frase hace referencia al **autoconocimiento,** a la necesidad que todas las personas tienen de conocerse a sí mismas. El autoconocimiento ha sido identificado como un aspecto crucial de la **inteligencia emocional** y es más poderoso para pronosticar el éxito en la vida que el coeficiente intelectual (CI) (Goleman, 1997). Ser capaz de manejarse a uno mismo dependerá de este autoconocimiento y será a partir de esto que se podrá desarrollar otras habilidades vinculadas con él.

Erich Fromm observó la cercana conexión que existe entre el concepto de uno mismo y los sentimientos de una persona hacia los demás: *el odio hacia uno mismo es inseparable del odio hacia los demás*, así como también Carl Rogers, quien propuso que el autoconocimiento y la aceptación de uno mismo son requisitos previos para una salud psicológica, así como para el crecimiento personal y la capacidad de conocer y aceptar a los demás. De hecho, Rogers sugirió que la necesidad humana básica es de autoestima, encontrándola más poderosa incluso que las necesidades fisiológicas.

Figura 4.7. La autoestima es la capacidad que tiene una persona para valorarse y aceptarse a sí misma.

Aunque existe una tendencia general a la búsqueda de este autoconocimiento, no todas las personas están igualmente motivadas para buscar información acerca del *yo*. Se hace referencia concretamente a tres motivaciones que empujan a las personas hacia este autoconocimiento:

• La motivación de la evaluación.

• La necesidad que tienen las personas de buscar información que confirme las creencias que ya tienen.

• La propensión de las personas a generar una imagen del *yo* lo más positiva posible.

Por otra parte, puede ocurrir que el conocimiento personal inhiba la mejora personal en lugar de facilitarla. En muchas ocasiones, las personas se resisten a adquirir información adicional con el fin de proteger su autoestima, ya que si adquieren un nuevo conocimiento acerca de ellas mismas, siempre existe la posibilidad de que sea negativo o de que les produzca sentimientos de inferioridad, debilidad, inequidad o vergüenza.

Tal y como señala Maslow (1999): *Tendemos a tener miedo de cualquier conocimiento que nos pueda causar desprecio por nosotros mismos o hacernos sentir inferiores, débiles, devaluados, malos o avergonzados. Nos protegemos a nosotros mismos y a la imagen ideal que tenemos de nosotros, por medio de la represión y defensas similares que, esencialmente, son técnicas por las cuales evitamos ser conscientes de las verdades desagradables o peligrosas.*

Un concepto muy relacionado con este aspecto es el de la **línea sensible**, que se refiere al punto en el cual las personas se vuelven más protectoras cuando se enfrentan a información acerca de ellas mismas que es inconsistente con su propio concepto personal.

La búsqueda de este autoconocimiento se verá influida, como no podía ser de otra manera, por la sociedad en la que cada persona crece. Debemos saber que las sociedades que fomentan el **individualismo** de la persona tienen influencia en que el *yo* sea visto como poco influido por el contexto, por el contrario se fomenta la independencia y el ser único. Sin embargo, en aquellas sociedades en las cuales se fomenta el **colectivismo** la pertenencia a un grupo es una parte que se considera básica para dar sentido a la propia identidad de la persona. En este caso, se fomenta la unión con los demás.

Pero ¿cómo se forma la identidad social? Desde muy corta edad las personas empiezan a desarrollarla poco a poco. La **identidad social** es una *definición acerca de nosotros mismos que nos permite conceptualizarnos y también* *evaluarnos*. Comprende muchos aspectos: el autoconcepto, el género, las relaciones interpersonales, afiliaciones políticas, etcétera.

Jackson y Smith (1999) proponen una conceptualización de la identidad social compuesta de cuatro dimensiones:

- La percepción del contexto intergrupal (es decir, la relación que el endogrupo mantiene con otros grupos de comparación).

- La atracción hacia el propio grupo (endogrupo).

- La interdependencia de las creencias y la despersonalización.

- Además, según estas dimensiones se puede hacer una distinción entre la *identidad social segura e insegura*.

Al respecto, el llamado **efecto de autorreferencia** indica que las personas tendemos a procesar de manera mucho más eficiente información referente a nosotros mismos antes que otro tipo de informaciones.

Enlazando con los términos anteriores, el **autoconcepto** hace referencia a la identidad propia de la persona. Se trata de un *esquema básico acerca de un conjunto organizado tanto de creencias como actitudes acerca de uno mismo*.

El autoconcepto se entiende a través de las dos vertientes que lo componen:

- **Vertiente descriptiva o autoimagen**: esta vertiente hace referencia a cómo la persona percibe que es.

- **Vertiente valorativa o autoestima** (cómo valora la persona su autoimagen): esta vertiente está vinculada al autoconcepto ideal.

> **Autoconcepto final**: *autoimagen + autoestima*

Finalmente, la **autoestima** hace referencia a la **autoevaluación,** o lo que es lo mismo: *la evaluación que una persona hace de sí misma* (la actitud general que un individuo tiene hacia sí mismo). Probablemente es la actitud más importante que una persona desarrolla, la actitud que desarrolla hacia sí misma y que oscila a lo largo de una dimensión que va desde lo positivo hasta lo negativo.

Todas las personas están motivadas para tener una autoestima alta, o lo que es lo mismo, una opinión positiva de uno mismo. Aun así, es posible diferenciar una autoestima alta y una autoestima baja:

- El que una persona tenga una **autoestima alta** significa que la evaluación acerca de sí misma es positiva. Una autoestima alta se asocia con buen estado de ánimo, habilidades sociales adecuadas, etcétera.

- El que una persona tenga una **autoestima baja** significará lo contrario. Como es de esperar, los eventos negativos en la vida de las personas provocan consecuencias negativas en la autoestima.

La autoestima puede entenderse como un proceso evaluativo en el que una persona aprende a valorarse positiva o negativamente. Son varios los factores que influyen en este aprendizaje, siendo los tres principales:

— **Retroalimentación social**: hace referencia a la retroalimentación que se recibe de las demás personas. Como estrategia para proteger la autoestima, se suele dar más importancia a aquellas evaluaciones de carácter positivo que a las que son de carácter negativo.

— **Comparación social**: se usan las *comparaciones sociales* para que las personas se puedan juzgar a sí mismas en base a las demás. Al respecto se diferencian dos tipos de comparaciones:

  ✓ **Comparación social a la baja**: hace referencia a la propia comparación con personas que se consideran peores en relación con algún atributo en particular.

  ✓ **Comparación social al alza**: hace referencia a la propia comparación con personas que se consideran mejores en relación con algún atributo en particular.

  Al respecto, es importante saber que las comparaciones con aquellas personas que están mejor que la propia persona disminuyen la autoestima; sin embargo, las comparaciones con aquellas que están peor la aumentan.

— **Resultados conductuales**: es una de las fuentes más estudiadas. Hacen referencia al hecho de que los éxitos o conductas exitosas tienden a aumentar la autoestima, mientras que los fracasos tienden a lo contrario, a reducirla. En este sentido, las personas tienen cierta tendencia a atribuir los éxitos a factores internos, controlables y estables, mientras que por el contrario tienden a atribuir los fracasos a factores externos, no controlables e inestables. Esta estrategia también está diseñada para proteger la propia autoestima.

Una de las principales **diferencias entre el autoconcepto y la autoestima** es que el primero es reflejo de los **aspectos perceptivos** del conocimiento sobre uno/a mismo/a, por ejemplo, «me reconozco como una persona atractiva e inteligente». En cambio, la autoestima se refiere a los **aspectos evaluativos,** por ejemplo, «no tengo cariño hacia mi propia persona» (autoestima baja).

Albert Bandura fue uno de los primeros psicólogos en hablar de un término muy relacionado con los anteriores, aunque especialmente con la autoestima:

la **autoeficacia**. Bandura explica que la autoeficacia es la apreciación de las capacidades que tiene una persona, es decir, hace referencia a la evaluación que la propia persona hace sobre su habilidad o competencia para llevar a cabo una tarea, alcanzar una meta o bien superar algún obstáculo. Sin embargo, hablar de autoestima es hacer referencia al sentimiento general de cuan valiosa es una persona como un todo.

Finalmente, cabe señalar al respecto que tener una alta autoestima se relaciona con este concepto de autoeficacia, es decir, la confianza en uno mismo acerca de sus habilidades o capacidades.

4.3. CAMBIO ACTITUDINAL Y RUPTURA DE ESTEREOTIPOS DE GÉNERO

El término **actitud** fue introducido por Thomas y Znaniecki como **actitud social**. Según Rosenberg y Hovland, las actitudes son *predisposiciones a responder a alguna clase de estímulo con ciertas clases de respuesta*. Las actitudes hacen referencia al grado positivo o negativo con el que las personas tienden a valorar aspectos de la realidad en la que se encuentran.

¿Por qué son tan importantes las actitudes?

- Las actitudes son relevantes en la adquisición y organización de nuevos conocimientos. Las actitudes favorecen que las personas puedan satisfacer su necesidad básica de conocimiento y control.

Figura 4.8. Cuando una persona tiene actitudes positivas controla mejor su ambiente y está más satisfecha consigo misma y con las demás personas.

- Desempeñan funciones que son imprescindibles para procesar y responder a la información sobre el entorno y también a toda aquella que está relacionada con uno mismo.

- Guardan una estrecha relación con la conducta.

- Las actitudes son el reflejo de la interiorización acerca de los valores y de las normas, los cuales rigen en los grupos y organizaciones del entorno a los que se pertenece. Según esto, podemos relacionarnos con los demás, conocernos y dar a conocer a los demás cómo somos.

- Además de lo anterior, los cambios en las actitudes pueden cambiar el contexto en el que se encuentran.

Las actitudes se organizan mentalmente de acuerdo a la llamada **concepción tripartita de las actitudes.** Los tres componentes que componen las actitudes son:

- **Componente cognitivo:** se refiere a los pensamientos y creencias que las personas tienen acerca del objeto de actitud.

- **Componente afectivo:** se refiere a los sentimientos y emociones relacionados con el objeto de actitud.

- **Componente conductual:** se refiere a las disposiciones y comportamiento dirigidos al objeto de actitud.

Para promover un **cambio actitudinal,** esto es, una modificación de las actitudes y por extensión de las conductas manifestadas, se debe conocer primero **cómo se forman** las actitudes.

La gran mayoría de las actitudes tiene sus raíces en el aprendizaje y el desarrollo social. Muchas se adquieren en situaciones en las que se produce interacción con otras personas o simplemente mientras se observa cómo se comportan. Estos procesos de aprendizaje son:

1. **Condicionamiento clásico:** es aquel aprendizaje que se basa en la asociación. Por ejemplo, se plantea la siguiente situación: un niño ve cómo su madre frunce el ceño mostrando además otros signos de desagrado cada vez que se encuentran con una persona integrante de un grupo étnico específico. Se puede pensar que este niño será neutral al principio hacia las personas de ese grupo y hacia sus características visibles (es decir, color de la piel, estilo de vestimenta, acento). Pero después de ir asociando las reacciones negativas que muestra su madre, quien es su referencia a seguir, el niño adoptará esta misma actitud y reaccionará negativamente a estos estímulos (es decir, las personas de este grupo étnico).

2. **Condicionamiento instrumental**: es decir, por medio de premios y castigos. Los comportamientos que son seguidos de resultados positivos se ven fortalecidos y tienden a repetirse. En contraste con lo anterior, los comportamientos seguidos de resultados negativos son debilitados y tienden a suprimirse.

3. **Aprendizaje observacional**: sucede cuando las personas adquieren nuevas formas de comportamiento simplemente a través de la observación de las acciones de los demás.

Además de cómo se forman, es importante conocer la **fuerza** de las actitudes. Cuando se hace referencia a la fuerza de una actitud, se está hablando de la estabilidad y resistencia en el tiempo de la misma. Algunos de los indicadores objetivos más estudiados al respecto son: extremosidad, accesibilidad, ambivalencia, estabilidad, resistencia, potencial predictivo acerca de la conducta y grado de conocimiento asociado con el objeto de la actitud.

Se conoce cómo se adquieren, pero **¿de qué forma influyen las actitudes en el comportamiento?** Se explicará esto con el clásico estudio de LaPiere (1934) para comprender la relación actitud-conducta. Este autor estaba interesado en conocer si personas con prejuicios mostrarían estas actitudes en sus conductas explícitas, así como en sus afirmaciones verbales.

LaPiere viajó dos años alrededor de Estados Unidos con una joven pareja de chinos. Visitaron 184 restaurantes y 66 hoteles, recibiendo un trato amable en la mayoría de los casos, negándose solamente en una ocasión a ofrecerles servicio.

Una vez finalizados los viajes, escribió a todos estos negocios y les preguntó si ofrecían servicio a los visitantes chinos. Los resultados fueron sorprendentes, ya que de los 128 negocios que respondieron, el 92 % de los restaurantes y el 91 % de los hoteles contestaron «¡No!». Esto es un ejemplo de la gran distancia existente entre las actitudes expresadas por estas personas y lo que habían realizado cuando se enfrentaron en la práctica. Este estudio llevó a LaPiere a la conclusión de que en muchas ocasiones existe una gran distancia entre las actitudes y la conducta, o lo que es lo mismo, entre lo que la gente dice y lo que realmente termina haciendo.

Además de todo lo anterior, el cambio de actitud siempre va a depender en último término del emisor, del mensaje, del receptor, del canal y del contexto, pues todo ello se haya relacionado con el amplio espectro de la comunicación.

El cambio actitudinal y, por consiguiente, una ruptura de estereotipos de género, se puede lograr a través de varios modos. Uno de ellos es la **persuasión**. Según la definición aportada por Petty y Cacioppo (1986), se entiende por persuasión *cualquier cambio intencionalmente buscado que ocurre en las actitudes* *de las personas como consecuencia de su exposición a una propuesta persuasi-va*. Aunque a veces se utilizan como sinónimos, persuasión e influencia no significan lo mismo. El concepto de **influencia** es mucho más amplio y englobaría al de persuasión en todo su conjunto junto con los fenómenos de reciprocidad, conformidad, desindividualización, pensamiento grupal, etcétera.

Cuando falla el cambio de actitud, la persona se encuentra con una resistencia a la persuasión. Son varios los conceptos que señalar en este caso.

En primer lugar, y justo en el lado opuesto a la persuasión, se encuentra el término **reactancia**. La reactancia es *una reacción negativa a los esfuerzos de los demás para reducir la libertad*, es decir, cuando pretenden que una persona haga aquello que otros quieren. En términos positivos se define la reactancia como la actitud que se toma para proteger la libertad personal.

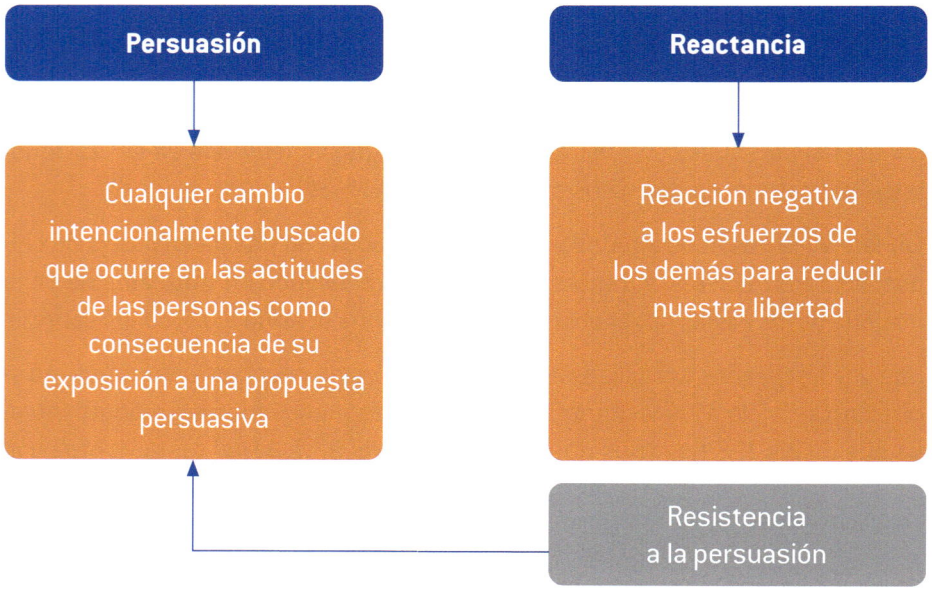

Figura 4.9. Diferencia entre persuasión y reactancia.

Otro término relacionado con los dos anteriores es la **advertencia** o, lo que es lo mismo, *el conocimiento previo del intento de persuasión.* La advertencia incrementa la resistencia a la persuasión. De esta manera, es menos probable que afecte un mensaje cuando la persona es consciente de que ha sido diseñado para modificar los puntos de vista y, por ende, persuadir.

Además de los dos anteriores, existe la *tendencia a dirigir la atención lejos de la información que nos presentan y que confronta las actitudes actuales,* lo cual se denomina **evitación selectiva**. Se debe señalar que también existe el efecto opuesto, es decir, cuando se encuentra información que apoya el mismo punto de vista que el que una persona tiene, se tiende a prestarle atención.

Finalmente, **¿puede el comportamiento influir también en las actitudes?** El término **disonancia cognitiva** hace referencia a esto mismo, pues se trata de un *estado desagradable que experimenta la persona cuando se da cuenta de que sus actitudes, o bien sus actitudes y su conducta, son inconsistentes*. Existen varias formas de disminuir esta disonancia cognitiva de forma directa:

- Cambiar las actitudes o la conducta para hacerlas consistentes.

- Adquiriendo nueva información que apoye las actitudes o la conducta.

- Decidir que la inconsistencia entre las actitudes y la conducta no es tan importante, implicando así la *trivialización*.

Generalmente, a las personas no les agrada la inconsistencia y ello lleva a menudo a implicar esfuerzos activos para reducirla.

Volviendo al tema del género, es propicio mencionar un estudio realizado en 1972 por la psicóloga Janet Taylor Spence. Publicó sus resultados en un artículo titulado *Who likes competent women?* o lo que es lo mismo, «¿A quién le gustan las mujeres competentes?». Junto con Robert Helmreich, se propuso comprobar si hombres y mujeres preferían a mujeres competentes frente a las incompetentes. Ambos psicólogos partían del supuesto de que las personas que creían en la igualdad de género entre hombres y mujeres preferirían a las mujeres competentes. Idearon una escala de actitudes hacia el género femenino y comprobaron que los sujetos preferían a las mujeres competentes, pero además para su sorpresa, otorgaban las puntuaciones más altas a aquellas que eran competentes en terrenos considerados típicamente masculinos. En palabras de Spence, *incluso los más conservadores … puntuaron mejor a la mujer competente en áreas típicamente masculinas*.

Los **estereotipos de género** hacen referencia a aquellas creencias referidas a ciertas características que supuestamente poseen hombres y mujeres. Por ejemplo, si se piensa en el lado positivo de los estereotipos de género referidos a las mujeres, se puede pensar en el extendido estereotipo que las caracteriza como cuidadosas y ordenadas, pero por otra parte, en el otro lado negativo con indecisión y sensibilidad exagerada. Ejemplos de este tipo, así como todos los estereotipos de género, suponen una barrera para el avance de las mujeres. Además, la sociedad en general, tanto hombres como mujeres, aún expresan mayor respeto hacia los hombres por el hecho de serlo, y esto juega un rol fundamental en el sexismo.

Por todo lo anterior, para toda la sociedad supone un reto superarlos y romper con ellos, pero solo de esta manera se podrá conseguir la igualdad de género.

4.4. HABILIDADES SOCIALES Y DE COMUNICACIÓN

William Glasser desarrolló, en 1965, la llamada **terapia de la realidad**, orientada a que las personas determinen qué quieren de verdad en el momento presente que viven y también a evaluar si las conductas elegidas las acercan al objetivo planteado o bien las alejan de él. Después de décadas de aplicación de este enfoque, Glasser desarrolló la **teoría de la elección**.

La teoría de la elección afirma que todas las personas están motivadas para reducir el dolor y aumentar el placer, y será a través de la conducta como las personas se sentirán mejor. Menciona cinco necesidades determinadas genéticamente: la supervivencia, el amor y pertenencia, el poder, la libertad y la diversión. Además, señala que en última instancia estas necesidades podrán satisfacerse a través de las relaciones humanas y, por ello, afirma que *somos seres sociales por naturaleza.*

Figura 4.10. La escucha activa es una estrategia de comunicación que consiste en la habilidad de escuchar con conciencia plena el mensaje de la persona que lo emite.

Como seres sociales, la comunicación define a las personas. La **comunicación** es el proceso por medio del cual un emisor y un receptor establecen una conexión a través de un mensaje, a través del cual pueden intercambiar o compartir ideas e información. En este proceso entran en juego las **habilidades sociales**, es decir, todo un conjunto de conductas que nos permiten interactuar y relacionarnos con los demás de manera efectiva y satisfactoria.

Algunas de las principales *funciones* que desempeña la comunicación están relacionadas con el control, la afiliación, la reducción de la incertidumbre, el deseo de poder, el traspaso de información o simplemente comunicarse para exteriorizar los sentimientos, emociones u opiniones.

Existen básicamente **dos tipos de comunicación**: la verbal y la no verbal.

- **Comunicación verbal**: se refiere a la comunicación expresada por medio del lenguaje.

  Conviene aclarar las diferencias existentes entre el significado **denotativo** y el significado **connotativo** de las palabras. El primero hace referencia al significado oficial, es decir, el que viene redactado en el diccionario; y, por tanto, se relaciona con el ámbito lingüístico. Sin embargo, el significado connotativo hace referencia a asociaciones de carácter afectivo y tiene que ver más con el ámbito psicosocial.

- **Comunicación no verbal**: es aquella que se basa en aspectos no relacionados directamente con el lenguaje, como, por ejemplo, el distanciamiento o aproximación corporal, una sonrisa, la forma de estar sentado, etcétera.

  Este tipo de comunicación puede englobarse en tres grupos: la **kinesia** (se compone de postura corporal, gestos, expresión facial, mirada o contacto visual y sonrisa), la **paralingüística** (estudia lo relacionado con el tono de la voz, el ritmo, la velocidad de la conversación, etc.), y la **proxémica** (comprende los problemas relativos a la estructuración del espacio personal, conducta territorial, etcétera).

Una comunicación efectiva y satisfactoria, así como un despliegue de habilidades sociales adecuadas, está relacionado con dos conceptos fundamentales en la interacción con las demás personas. Estos conceptos son:

- La **conducta prosocial**: se denomina así a aquella conducta que está dirigida a beneficiar a otras personas, sin que necesariamente proporcione beneficios directos a la persona que lleva a cabo la conducta. En no pocas ocasiones se utiliza el término **altruismo** como sinónimo de conducta prosocial, sin embargo, el término altruismo hace referencia a la preocupación desinteresada por el bienestar de las demás personas.

- El **estilo de comunicación asertivo**: este estilo de comunicación es una forma de expresión mediante la cual se manifiestan ideas, deseos, opiniones, sentimientos o derechos de forma congruente, clara, directa, equilibrada y respetuosa.

  Existen otros estilos de comunicación como el *estilo pasivo*, el *estilo agresivo* e, incluso, el *estilo pasivo-agresivo*, pero ninguno de ellos es aconsejable dada su poca eficacia por una parte y consecuencias negativas por otra. Estos estilos se fundamentan en ideas erróneas, no aceptan sus limitaciones y no respetan a los demás o a sí mismos.

4.5. SERVICIOS, ESTRUCTURAS Y ORGANIZACIONES QUE FAVORECEN EL «EMPODERAMIENTO» DE LAS MUJERES

Llegado este punto, es trascendental que las personas sean conscientes de la importancia que el poder muestra a través de las instituciones o áreas de la vida social en las cuales se manifiesta (la política, la economía, etcétera).

Para fomentar el sentimiento de **empowerment** (individual y grupal) en las mujeres, primero se debe favorecer y desarrollar el fortalecimiento del sentimiento de poder personal, el cual llevará a una acción social eficaz. Además, conviene favorecer el desarrollo de relaciones igualitarias o simétricas entre las personas de modo que pueda promoverse la participación igualitaria, para transmitir, de esta forma, poder y potenciar el sentimiento de poder en la otra persona.

Figura 4.11. El cambio social precisa de un *empowerment* individual y también grupal.

Un **proceso eficaz** que debería seguir el empoderamiento para promover la participación es el siguiente:

1. Identificación del potencial existente en un grupo o colectivo.

2. Generación de un sentimiento potencial.

3. Procesos grupales necesarios: sentimiento de pertenencia, participación colectiva, etcétera.

4. Acción social efectiva: esta acción llevará a las personas integrantes de la colectividad a obtener los objetivos grupales (poder y recursos sociales valiosos).

A continuación se presenta el proceso que seguir de forma esquemática:

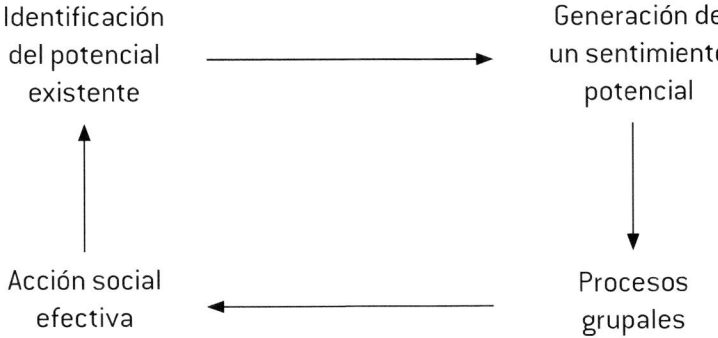

Figura 4.12. Proceso de *empowerment* para promover la participación.

Además del anterior proceso, es posible hablar de **tres modelos** que hacen referencia a la posibilidad de lograr que otras personas, a través de profesionales (por ejemplo, psicólogos), puedan llegar a *empoderarse de sí mismas*. Veamos brevemente estos modelos:

• **Modelo cooperativo:** se pretende ayudar a generar unas determinadas condiciones que favorezcan la cooperación y donde se comparta tanto relacional como colectivamente el poder.

• **Modelo competitivo o de conflicto:** este modelo pretende que aquellas personas consideradas más débiles (las llamadas minorías sociales) se apoderen proporcionalmente del poder que les corresponde y, de esta forma, puedan defender sus intereses en igualdad.

• **Modelo de recursos:** según este modelo, la creación de espacios o determinadas agrupaciones, como es el caso de una institución, favorece la generación de poder y la aparición de nuevos recursos sociales. La igualdad entre las personas, así como la disposición de una distribución equitativa de los recursos existentes y el poder, favorecerá el empoderamiento colectivo.

4.6. DESARROLLO DE PROCESOS DE ACOMPAÑAMIENTO, ASESORAMIENTO PARA LA PARTICIPACIÓN Y LA TOMA DE DECISIONES

Para afrontar el cambio es necesario favorecer el desarrollo de los siguientes puntos fundamentales:

- La prestación de servicios, relacionados con el ámbito sanitario, educativo, servicios sociales, etcétera.

- El desarrollo de recursos humanos, tanto de ayuda como aquellos dirigidos específicamente al desarrollo humano.

- Prevención de problemas sociales y sus efectos. De igual manera, se debe paliar o compensar la desintegración social y comunitaria.

- Desarrollo comunitario.

Además, conviene recalcar una serie de **reglas fundamentales** respecto a la forma en que se debe realizar la participación, de modo que profesionales (por ejemplo, un psicólogo) puedan valorar cómo realizar la intervención de modo adecuado. A continuación se señalan algunas reglas que convienen tener muy en cuenta:

Figura 4.13. Los cambios sociales son importantes porque contribuyen a la evolución.

- Percibir la participación como un proceso (que hay que seguir y apoyar) y no como un suceso.

- Deben primar los intereses y necesidades que son básicas para todas las personas integrantes de la comunidad.

- Marcar objetivos concretos y enfocar el planteamiento de las tareas que realizar como actividades más que como discusiones.

- Es necesario entender la participación como un proceso dinámico. Conviene, por tanto, introducir tareas y actividades como reflejo de esta dinamización.

- Se debe facilitar la cooperación y la solidaridad colectiva. Se debe facilitar la ruptura de la distancia social entre las personas y facilitar el contacto.

- Crear canales de comunicación efectivos, que faciliten el proceso interactivo. Evitar la pasividad y, por el contrario, fomentar el impulso y la participación.

4.7. ELABORACIÓN DE ACCIONES DE DIFUSIÓN Y SENSIBILIZACIÓN PARA LA CIUDADANÍA, LAS INSTITUCIONES, LAS ORGANIZACIONES Y ENTIDADES DEL ENTORNO DE INTERVENCIÓN EN MATERIA DE PARTICIPACIÓN SOCIAL, PARA FAVORECER LA IGUALDAD EFECTIVA DE MUJERES Y HOMBRES

Cambios verdaderos y no simples desarrollos de lo ya existente es lo que la sociedad actual reclama. Un **cambio social** se define como la *alteración de la estructura o funcionamiento de un sistema social que tiene efectos relevantes para la vida de sus miembros*.

| Sistema Normativo |
| Sistema Relacional |
| Sistema Teleológico (cambio de metas) |

Es necesaria una modificación de ámbito global de los siguientes sistemas:

Personas, grupos e instituciones deben adoptar un papel activo de cambio que conlleve modificaciones visibles en la sociedad (valores, normas, actitudes, roles, etc.). Este cambio debe alterar la estructura y el funcionamiento de los sistemas sociales y no solo en personas individuales. De esta manera, se puede distribuir el poder de manera equitativa así como también los recursos sociales.

ACTIVIDAD FORMATIVA

A continuación se presentan varios ejemplos de los diferentes tipos de poder ya vistos en este capítulo.

Indica qué ejemplo pertenece a cada tipo:

- La autoridad amenazó al ciudadano y a la ciudadana con multarlos si no cesaban en su actitud inadecuada.

- Todos los meses paga a sus empleados y empleadas a principios de mes.

- Todos la admiran, tiene un gran talento para desfilar.

- Nadie cuestiona sus decisiones, tiene mucha experiencia en ese ámbito.

- La persona encargada de la gerencia decidió que no podía permitir esa falta de respeto, así que optó por el despido de esa persona.

ACTIVIDADES FINALES

De comprobación

4.1. ¿En qué se basa el modelo propuesto por Gerald Caplan?

a) En el desarrollo humano.

b) En el desarrollo social.

c) En el desarrollo individual.

4.2. ¿Qué es el poder de experto?

a) Este poder se basa en el acceso a los bienes que otros valoran, por ejemplo, los pagos.

b) Este poder se refiere al que representa la autoridad. Cuanto más alto está el individuo en la jerarquía, mayor poder legítimo y, por tanto, más autoridad tiene.

c) Es aquel que otros reconocen en una persona debido a sus cualidades y capacidades en cierto ámbito.

4.3. ¿De qué se compone el autoconcepto final?

a) De la autoimagen y la autoestima.

b) De la identidad social y la autoimagen.

c) De la autoestima y la identidad social.

4.4. ¿Qué es la reactancia?

a) Una reacción negativa a los esfuerzos de los demás para reducir nuestra libertad.

b) Una reacción positiva a los esfuerzos de los demás para reducir nuestra libertad.

c) Una reacción negativa a los esfuerzos de los demás para reducir nuestra identidad social.

4.5. ¿A qué hace referencia el significado denotativo?

a) Al significado de carácter afectivo.

b) Al significado oficial.

c) Al significado extraoficial.

4.6. ¿Qué significa el efecto de autorreferencia?

a) Que las personas tendemos a procesar de manera más eficiente información referente a los demás antes que otro tipo de informaciones.

b) Que las personas tendemos a procesar de manera más eficiente información referente a nosotros mismos antes que otro tipo de informaciones.

c) Que las personas tendemos a procesar de manera más deficiente información referente a nosotros mismos antes que otro tipo de informaciones.

4.7. ¿Qué es la disonancia cognitiva?

a) Un estado agradable que experimenta la persona cuando se da cuenta de que sus actitudes, o bien sus actitudes y su conducta, son inconsistentes.

b) Un estado desagradable que experimenta la persona cuando se da cuenta de que sus actitudes, o bien sus actitudes y su conducta, son consistentes.

c) Un estado desagradable que experimenta la persona cuando se da cuenta de que sus actitudes, o bien sus actitudes y su conducta, son inconsistentes.

4.8. Un cambio social es...

a) La alteración de la estructura o funcionamiento de un sistema patriarcal que tiene efectos relevantes para la vida de sus miembros.

b) La estabilidad y mantenimiento de la estructura o funcionamiento de un sistema social que tiene efectos relevantes para la vida de sus miembros.

c) La alteración de la estructura o funcionamiento de un sistema social que tiene efectos relevantes para la vida de sus miembros.

4.9. ¿Significa lo mismo conducta prosocial que altruismo?

a) Sí.

b) No.

c) No lo sé.

4.10. ¿Cuál de los siguientes estilos de comunicación conviene fomentar?

a) El estilo de comunicación asertivo.

b) El estilo de comunicación pasivo.

c) El estilo de comunicación pasivo-agresivo.

De ampliación

4.1. Define autoconcepto.

4.2. Explica cómo se puede conseguir el *empowerment* de la comunidad.

Para ver claro, basta con cambiar la dirección de la mirada.

Antoine de Saint-Exupéry